『経済と社会』再構成論の新展開
——ヴェーバー研究の非神話化と『全集』版のゆくえ——

ヴォルフガング・シュルフター＋折原 浩 [著]
鈴木宗徳＋山口 宏 [訳]

Zur Rekonstruktion
von
Max Webers „Wirtschaft und Gesellschaft"

——Eine neue Diskussion
zwischen
Wolfgang Schluchter
und
Hiroshi Orihara

未來社

『経済と社会』再構成論の新展開
―― ヴェーバー研究の非神話化と『全集』版のゆくえ ――

目 次

はじめに

1 マックス・ヴェーバー『経済と社会』の再構成への基礎づけ
　――初版「2-3部」における参照指示の信憑性――
　　折原　浩著／山口　宏訳 ………………………… 17

2 マックス・ヴェーバーの『社会経済学綱要』寄稿
　――編纂問題と編纂戦略――
　　ヴォルフガング・シュルフター著／山口　宏訳 ………………… 47

3 マックス・ヴェーバーの『社会経済学綱要』寄稿
　――ひとつに統合された全体としての戦前草稿――
　　折原　浩著／鈴木宗徳訳 ………………………… 75

4 「単頭」か「双頭」か――これこそがここでの問題である
　――折原浩へのリプライ――
　　ヴォルフガング・シュルフター著／鈴木宗徳訳 ………………… 95

5 「双頭の五肢体部分」は容認できるか
　――シュルフター・リプライへの反論――
　　折原　浩 ……………………………………… 111

あとがき

凡　例

1. 原文の強調（隔字体またはイタリック体）には上付き傍点、引用者の強調にはアンダーラインを付す。
2. 原文中の（　　）および［　　］は、そのまま記す。それにたいして、訳者または引用者が文意を判明ならしめるため、最少限の補足を加えるさいには〔　　〕で括る。
3. 原則として基数には漢数字を、序数にはアラビア数字を用いて、「第」の反復を避ける。二桁以上の基数にはアラビア数字を用いざるをえないが、文脈上基数であることが明白でないばあいには、12例、567個所などの語を添える。
4. マックス・ヴェーバー『経済と社会』からの引用には、とくに断りのないかぎり、参照の便宜を考慮して Weber, Max, [1922] 1980, *Wirtschaft und Gesellschaft*, besorgt von Johannes Winckelmann, Studienausgabe, Tübingen : J. C. B. Mohr（WuGと略記）を用いる。
　　邦訳のページを付記するさいには、つぎの略称を用いる。
　　　厚東訳＝1975、厚東洋輔訳「経済と社会集団」、尾高邦雄編『ウェーバー』世界の名著50、中央公論社、pp. 485-598。
　　　中村訳＝1977、中村貞二訳「種族的共同社会関係」、『みすず』、211 (9/10月) 号、pp. 64-81。
　　　武藤他訳＝1976、武藤一雄、薗田宗人、薗田坦訳『宗教社会学』、創文社。
　　　世良訳、法＝1974、世良晃志郎訳『法社会学』、創文社。
　　　浜島訳＝1954、浜島朗訳『権力と支配』、みすず書房。
　　　世良訳、支配Ⅰ＝1960、世良晃志郎訳『支配の社会学』Ⅰ、創文社。
　　　世良訳、支配Ⅱ＝1962、世良晃志郎訳『支配の社会学』Ⅱ、創文社。
　　　世良訳、都市＝1964、世良晃志郎訳『都市の類型学』、創文社。
5. 同『学問論集』からの引用には、Weber, Max, [1922] 1988, *Gesammelte Aufsätze zur Wissenschaftslehre*, 7. Aufl., Uni-Taschenbücher 1492, Tübingen : J. C. B. Mohr（WLと略記）を用いる。なお、WL: 427-474に収録されている「理解社会学のいくつかのカテゴリーについて」は、カテゴリー論文と略記し、邦訳のページを付記するばあいには、つぎの略称を用いる。
　　　海老原・中野訳＝1990、海老原明夫・中野敏男訳『理解社会学のカテゴリー』、未來社。
6. 『経済と社会』「1部1章・社会学の基礎概念」の基礎カテゴリーと、カテゴリー論文の基礎カテゴリーとの混同を避けるため、前者には 》 《、後者には 〈 〉 を付けて区別する。

『経済と社会』再構成論の新展開
―― ヴェーバー研究の非神話化と『全集』版のゆくえ ――

はじめに

　本書は、『ケルン社会学・社会心理学雑誌 *Kölner Zeitschrift für Soziologie und Sozialpsychologie*』に掲載された四論文を邦語に訳出し、著者のひとり折原の新稿一篇を加えて、一書としたものである。
　四論文の表題および収録巻はつぎのとおりである。

1. Orihara, Hiroshi, 1994 : Eine Grundlegung zur Rekonstruktion von Max Webers „Wirtschaft und Gesellschaft"——Die Authentizität der Verweise im Text des „2. und 3. Teils" der 1. Auflage (「マックス・ヴェーバー『経済と社会』の再構成への基礎づけ——初版『2-3 部』にみられる参照指示の信憑性」) in: *Kölner Zeitschrift für Soziologie und Sozialpsychologie* (以下 KZfSS と略記) 46. Jg., S. 103-121. (本書での略称：**信憑性論文**)

2. Schluchter, Wolfgang, 1998 : Max Webers Beitrag zum „Grundriß der Sozialökonomik"——Editionsprobleme und Editionsstrategien (「マックス・ヴェーバーの『社会経済学綱要』寄稿——編纂問題と編纂戦略」)、in: KZfSS 50: 327-343. (略称：**編纂論文**)

3. Orihara, Hiroshi, 1999 : Max Webers Beitrag zum „Grundriß der Sozialökonomik"——Das Vorkriegsmanuskript als ein integriertes Ganzes (「マックス・ヴェーバーの『社会経済学綱要』寄稿——ひとつに統合された全体としての戦前草稿」)、in: KZfSS 51: 724-734. (略称：**統合論文**)

4. Schluchter, Wolfgang, 1999 : „Kopf" oder „Doppelkopf"——Das ist hier die Frage. Replik auf Hiroshi Orihara (「単頭」か「双頭」か——これこそがここでの問題である。折原浩へのリプライ」)、in: KZfSS 51: 735-743. (略称：**シュルフター・リプライ**)

本書では、この四篇を発表年代順に配列したあと、折原の新稿、
5.「双頭の五肢体部分」は容認できるか——シュルフター・リプライへの反論（略称：双頭論批判）を加える。
　邦訳四篇は、共著者シュルフターと折原が、マックス・ヴェーバー『経済と社会』（旧稿）の再構成‐再編纂問題をめぐり、交互に『ケルン社会学・社会心理学雑誌』に寄稿した論文である。そのうち、あとの三篇は、編纂論文を批判する折原の統合論文にシュルフターがリプライを寄せる論争の形をとっている。5.は、初めて本書に発表し、近々圧縮し独訳して投稿の予定であるが（追記：154-155ページ参照）、その内容は、シュルフター・リプライへの反論、編纂論文への再批判である。

*

　専門誌上におけるこうした論争を邦訳してわが国の読者に紹介するにあたっては、争点の輪郭と意義につき、あらかじめ簡潔な解説を付すべきであろう。
　マックス・ヴェーバーの『経済と社会 Wirtschaft und Gesellschaft』（Weber [1922] 1980）は、マルクスの『資本論——経済学批判』とならぶ社会科学の古典といってよかろう。初版刊行後、数知れない社会科学者によって読解‐活用され、夥しい二次文献が生み出され、いまでは全篇がほとんど邦訳で読めるようにもなっている。筆者は、そうした先人の研究に、その困難を知るひとりとして、心から敬意を表する。そうした研究の蓄積の上に立って初めて、では、読解されてきた諸部分をこんどは全体としてどう体系的に捉えるのかという問題が立てられ、解答も可能に思われてきたのである。
　しかし、こう問い直すと、真先にテキストの複雑な成立史‐編纂史問題にぶつかる。じつは、これまで信憑性ありと信じられ、すべての翻訳の底本とされてきたマリアンネ・ヴェーバー編（1‐3版）およびヨハンネス・ヴィンケルマン編（4版、学生版、5版）は、原著者の浩瀚な遺稿（「1910-14年戦前草稿」、簡略には「旧稿」）と、その改訂稿（「1919-20年改訂稿」「新稿」）とを、執筆順とは逆に、後者を「1部」、前者を「2 (-3) 部」に配置し、「二部

構成」・「二部からなる一書」に仕立てたもので[1]、いわば「合わない頭をつけたトルソ（頭と四肢の欠けた塑像）」であった。この「二部構成」本では、読者は、改訂後の変更された基礎概念（頭）で、改訂前の内容的諸篇（トルソ本体）に取り組むことをよぎなくされる。その結果、たとえば前者の 〉ゲマインシャフト〈 （テンニースの同名の概念と同様、〉ゲゼルシャフト〈 の対極概念）を、後者の〈ゲマインシャフト〉（テンニースとも、改訂後のヴェーバー自身の概念とも異なり、〈ゲゼルシャフト〉を特例として含む上位概念）に重ねて読み込み、この含蓄ある〈ゲマインシャフト〉を「共同体」「共同態」「共同社会」と取り違えることにもなる。後出の統合論文と双頭論批判でも一端に触れるとおり、この「二部構成」編纂ゆえの誤読と混乱が、原著者の方法的思考――とかく実体化されがちな社会諸形象を、いったん個人の主観的意味をそなえた行為に還元し、その上で〈秩序づけられた協働行為〉として動態的に捉え返していく思考――の道筋を見失わせ、行為論と社会形象論との「乖離」という印象を生み出してきたのである（折原 1996: 225-231）。筆者は、この印象を払拭し、原著者本来の方法的思考を復権させることが、社会実在論と社会名目論の統合という社会理論の課題にとり、また、とかく社会形象に埋没してその実体化に陥りやすい日常意識の変革にとって、いまなお意義があると確信し、これを前提に『経済と社会』の再構成に取り組んでいる。

さて、「二部構成」編纂は、テンブルックが「『経済と社会』との訣別」(Tenbruck 1977) を発表して以来、ドイツと日本で並行して問題とされ、シュルフターと折原によって批判的に追試 - 検証された。その結果、テンブルックの問題提起が基本的に正しく、マリアンネ・ヴェーバーとヨハンネス・ヴィンケルマンの編纂は誤りであることが、いまのところ反論を受けないまでに立証された。この間の経緯について、詳しくは編纂論文のⅠ節と拙著『ヴェーバー「経済と社会」の再構成――トルソの頭』、序章 4.「編纂問題論争の発端と現状」（折原 1996: 13-15）を参照されたい。

こうして問題は、「二部構成」神話による誤編纂から解放された「旧稿」テキストそのものを、こんどは原著者自身の構想に即していかに再構成するか、

という積極面に移される。折原は、そうした再構成への準拠標のひとつとして、「旧稿」(全 826 段、635 ページ)に散りばめられている前後参照指示(「前に述べたとおり」、「後に見るとおり」など)に着目した。そして、ヴィンケルマンがフランツ・ヨーゼフ・ボンフィク助手(ハイデルベルク)に委ね、けっきょくは放棄された (Winckelmann 1986: XI-XII) 検索作業を、事実上引き継ぎ、「旧稿」全篇から 567 例を拾い出し、それぞれの被指示個所も索出して一覧表[2]を作成した上で、それら参照指示が原著者自身に由来することを、上掲拙著 1 部「再構成への基礎固め――前後参照指示の信憑性」(折原 1996: 43-142)[3]で立証した。その骨子を先に独文で発表したのが、1. の信憑性論文である。「屋上屋を架す」ようではあるが、拙著 1 部は、事柄の性質上無味乾燥な叙述が延々とつづくので、読者には簡潔な要旨をもって代えていただくのもよいかと考え、邦訳を本書に収録した。

また、既刊の『マックス・ヴェーバー全集 Max Weber Gesamtausgabe』I/22-5「都市」の編者ニッペルの「編纂報告」には、「都市」篇が「旧稿」に統合されるか否かという決定的な論点との関連で、この信憑性論文が引用されている。折原の結論は「然り」であるが、ニッペルは、大部分折原と同じ具体的証拠(参照指示のネットワーク)を挙示しながら、唐突に否定的、ないしは少なくとも懐疑的な結論をくだしている。よりによってその個所を、シュルフター・リプライが肯定的に引用しているので、これを折原は、双頭論批判で、ニッペルの拙論取扱いに遡って問題とせざるをえなかった。こうした論争の経緯からも、信憑性論文が前置されなければならない。

さて、この間ドイツでは、シュルフターが、「マックス・ヴェーバーの宗教社会学――作品史的再構成」(Schluchter 1984)、「『経済と社会』――一神話の終焉」(Schluchter [1988] 1991)[4]を発表し、テンブルックの問題提起を基本的には追認し、「旧稿」再構成への軌道を敷いていた。そして、編纂論文にいたるまで、シュルフターの主張は、①「二部構成」神話を破棄し、②「1914 年構成表」[5]の妥当性を「旧稿」にかぎって認め、③「理解社会学のカテゴリー」(Weber [1922] 1988: 427-474)を「旧稿」に前置するという基本的な三点にかけて、折原の見解と一致していた。統合論文と双頭論批判でも再説するとおり、

『経済と社会』「旧稿」には、「1部1章・社会学の基礎概念」ではなく、このカテゴリー論文で規定された〈ゲマインシャフト行為〉〈ゲゼルシャフト行為〉〈諒解行為〉といった形式的基礎カテゴリー群が適用されている。したがって、カテゴリー論文こそ、「旧稿」という「トルソ本体」の読解に欠かせない「頭」なのである。

　ところが、1998年に、情勢が変わる。

　「二部構成」神話の破棄は動かないとしても、一方では、シュルフターが編纂論文を発表し、「旧稿」にふたつの執筆期・局面があったとして、「旧稿」全体の統合にも、カテゴリー論文との統合にも、疑義を呈した。他方では、『マックス・ヴェーバー全集』I/22（『経済と社会』「旧稿」該当巻）が、五つの分巻（22-1＝モムゼン編「諸ゲマインシャフト」、22-2＝キッペンベルク編「宗教ゲマインシャフト」、22-3＝ゲッファート編「法」、22-4＝モムゼン編「支配」、22-5＝ニッペル編「都市」）に編成され、このうち「都市」がいちはやく刊行された。また、第一、第四、ふたつの分巻の編纂者モムゼンが、1998年に来日の途次、10月16日に名古屋に立ち寄り、第一分巻「序論 Einleitung」の草稿を筆者に託して「できるだけ鋭く論争を提起して」ほしいと要請した。数週後、モムゼンの意を受けて、編纂協力者ミヒャエル・マイヤーから、同分巻「編纂報告」の草稿も郵送されてきた。この22-1の編纂でも、二執筆期・二局面説が前提とされ、同分巻に収録されるそれぞれ比較的短い諸篇[6]が、「1910年題材分担案」[7]にしたがって早期（第一局面）に執筆されたテキストと見なされている。

　この間、編纂陣内でどんな動きがあったのか、──部外者には分からない。ただ、書簡資料の編纂により、作品史的研究が進み、「旧稿」の執筆過程が大きく「1910（あるいは1909年に遡る）-11年」と「1913（あるいは1912年末）-14年」との二時期・二局面に分けられたことは確かである。また、『社会経済学綱要』の実質上の編集主幹をつとめたヴェーバーが、共同執筆者たちの寄稿にたびたび不満を漏らし、叢書全体の水準を維持するために、不備不足分を自稿に引き受けて補完しようとした事情も注目され、強調されている。

　さて、問題の書簡資料は、バイエルン州立図書館に寄託されているが、編

纂者以外は閲覧できない。上記の新展開が依拠する最重要資料を編纂者が独占している状況は、大いに問題である。しかしさりとて、編纂者による作品史的研究の進捗を、無視したり、貶価したりはできない。筆者は、その成果にしたがって、「1911-13年草稿」という従来の呼称を「1910-14年戦前草稿」に改めている。

ただし、筆者は、編纂者が明らかにした長期かつ複雑な執筆事情も、「旧稿」テキストそのものの、未定稿ながら最終段階に近い、全体としての統合と、カテゴリー論文との統合を否認するには足りないと考える。むしろ編纂陣には、書簡資料を偏重し、執筆順序と体系的配列とを混同し、テキストに内在する指標（論理的構成や前後参照指示ネットワークなど）を軽視する嫌いがあると思う。そしてこの欠陥が、今後永らく決定版となるであろう『全集』版『経済と社会』を、ふたたびバラバラの「読めない古典」に貶めてしまうのではないかと危惧する。

とはいえ、同じ編纂者でも、モムゼンとシュルフターとは異なる。前者は、テキスト外在的指標のうちもっとも重要な「1914年構成表」の信憑性と妥当性さえ、外から形式的な「等量原則」を持ち込んで否認し、「旧稿」をカテゴリー論文からも切り離して、「頭のない五肢体部分」に解体しようとしている。これにたいしては、昨1999年秋のシンポジウム「マックス・ヴェーバーと近代日本」において、「『合わない頭をつけたトルソ』から『頭のない五肢体部分』へ——『マックス・ヴェーバー全集』（『経済と社会』『旧稿』該当巻）編纂の現状と問題点」と題して報告し、詳細に批判した。その論旨は、本書とほぼ同時に刊行される『マックス・ヴェーバーの新世紀』（未來社）に収録されるので、そちらを参照していただければ幸いである。

モムゼンに比して、シュルフターの立場は、はなはだ微妙である。かれは、従来の持論を引っ込めたわけではないが、作品史的研究から生じた疑惑を尖鋭化し、「旧稿」全体の（二執筆局面にまたがる）統合ならびにカテゴリー論文との統合に疑問符を付している。どの分巻の編纂者ともなっていないかれ自身は、そうした疑惑も克服できる論証を求め、さらなる研究を要請する。しかし、その傍らで「頭のない五肢体部分」が、『全集』版の権威を帯びて刊

行され始め、すでに第五分巻が、編者ニッペル自身さえ「旧稿」への統合に学問的確信をもてないまま、いわば「見切り発車」されている。

　外からは、モムゼンとシュルフターとはともに、マリアンネ・ヴェーバーやヨハンネス・ヴィンケルマンによる「統合」捏造にたいして「統合」放棄の同位対立関係にあり、その意味で同じ平面に立っているように見える。シュルフターによる疑惑の尖鋭化と、いっさいの統合説にたいする批判的相対化は、結果としてモムゼン一門の恣意的編纂を許し、その意味でまさに同位対立の相互補完関係をなすように思える。シュルフターはいわば、編纂陣内にあるもっとも鋭い論客として、外部からの批判の撃退役を買って出ているかのようでさえある。そのシュルフターからは、折原の統合説も、統合の絶対化と映り、まさにモムゼンの統合放棄＝解体説の同位対立物と見えるかもしれない。

　こうなれば、筆者としては、「二部構成」神話にたいするシュルフターとの永年の「共同戦線」は発展的に解消し、むしろ公開論争に踏み切り、シュルフター－モムゼン間にも論争の火を灯したほうがよいであろう。そう考えて、『ケルン社会学・社会心理学雑誌』に投稿したのが、シュルフターの編纂論文と同じ主題に「ひとつに統一された全体としての戦前草稿」という簡潔な副題を添えて対立を鮮明にした統合論文である。同誌の編集者のひとりシュルフターは、フェアーにも、筆者の寄稿を受理した上、リプライを寄せてくれた。このリプライにとりあえず邦文で応答したのが、双頭論批判である。

　こうした論争が、『全集』版「頭のない五肢体部分」ないし「双頭の五肢体部分」の続刊をくい止め、編纂陣を「旧稿」全体の論証的再構成という先決問題に立ち帰らせることは、もはや無理かもしれない。しかし、この論争内容が、古典「旧稿」の再構成そのものに活かされ、少なくとも『全集』I/22の五分巻編成が孕む問題性を広く読者に伝えられれば「もって瞑すべし」であろう。いずれにせよ、『全集』予約購読者の3分の2を占め、全巻のうちもっとも困難と予想された『経済と社会』（旧稿）該当巻の帰趨に関心を寄せる日本の読者には、『マックス・ヴェーバーの新世紀』所収の別稿とともに、編纂の新情勢と問題点をお伝えし、このままいけば「頭のない五肢体部分」ない

し「双頭の五肢体部分」として刊行されるであろう五分巻の批判的-統合的読解にそなえていただきたい。そうした読解に向けて、本書は、「旧稿」執筆の二時期・二局面を、〈諒解行為〉と〈諒解〉を含む複合語の使用頻度によって弁別し、カテゴリー論文の規準的意義が「第二局面」では失われたと見るシュルフターの新しい問題提起を受け、「旧稿」とカテゴリー論文との文献事実上また体系上の連関について、従来の議論を一歩深め、「旧稿」の論証的再構成に多少なりとも寄与しえているのではないかと思う。あえて「『経済と社会』再構成論の新展開」と題する所以である。

　シュルフターとは、今後、フェアー・プレーをモットーとする良き論争相手として、できるだけ鋭い対決をとおして、ともに「旧稿」の再構成を進めていきたい。かれは、編纂論文とリプライの邦訳を快諾してくれたばかりか、かれのほうでも、統合論文を付録として、かれのリプライを収録する論文集の刊行を準備中と伝えてきている。

＊

　信憑性論文と統合論文は、前者は1993年のハイデルベルク滞在中に独文で執筆してドイツ人学生の添削を受け、後者も昨年独文で執筆して編集部に投稿し、こんどはシュルフター自身が添削してくれたもので、ともに邦文の元稿はなかった。したがって本書には、二論文を、同学の若い友人、鈴木宗徳君と山口宏君に、シュルフター論文とまったく同様、直接『ケルン社会学・社会心理学雑誌』掲載稿から邦訳してもらった。形式上の統一のほかは、折原が執筆者として内容上の注文を付けたり、改訂を申し入れたりはせず、両君にはむしろ第三者として、シュルフター論文と拙論とをフェアーに扱ってほしいと要望した。なによりも、両君が四論文の邦訳を引き受けてくれたお蔭で、筆者にはこの間、双頭論批判の執筆に専念する時間がえられたのである。

　シュルフターはもとより、四論文の邦訳を快く認められた『ケルン社会学・社会心理学雑誌』の編集主幹ハイネ・フォン・アーレマン、同誌の版元「西ドイツ出版社」のゲルト・ノルマン、各氏に厚くお礼申し上げる。

また、厳しい出版情勢のもとで、『マックス・ヴェーバーの新世紀』とともに本書の刊行も引き受けられた、未來社の西谷能英代表をはじめとする皆さん、とくに本書の編集を直接担当してくださった本間トシさん、岩崎清さんに、いつもながらの熱い感謝を捧げる。

2000年6月4日

名古屋・八事の寓居にて

折原　浩

注

1) 念のため、マリアンネ・ヴェーバー編（初版と本質的には変わらない）第三版とヨハンネス・ヴィンケルマン編第五版との構成を対比すると、別表（折込頁）のとおりである。

2) 折原 1996: 301-319；,,TABELLE 2" zu: Orihara 1993: 117-144.
　ちなみに、巻末に一覧表を収録したこの独文論稿は、1993年ハイデルベルク滞在中に仕上げ、*Working Paper*, Nr. 36 として、『全集』編纂者のレプジウス、モムゼン、シュルフターに贈呈し、ハイデルベルク大学社会学科図書館に備付けてもらったほか、ミュンヘンのエディット・ハンケ女史にも数部贈呈し、マイヤー、ニッペルなど、編纂協力者への送付を依頼した。折原の贈呈趣旨は、ドイツ側でも多分（ボンフィク助手脱退のあとを引き継いで）独自に作成されているであろう同種の資料と照合して正確を期すことにあった。しかし、窓口となったハンケ女史からの丁重な礼状以外、ドイツ側からの応答はいっさいなかった。その後刊行された『全集』版「編纂報告」をみると、それぞれの編纂に好都合な参照指示-被指示個所だけが、それも上掲 ,,TABELLE 2" からの引用という形ではなく、「旧稿」のページのみで注記されている。編纂協力者が別途独自に検索した結果か（そうであれば、期せずして一致したことが、双方の資料の信憑性を裏付けることになるから、その旨明記すべきであろうが）、それとも折原が提供した一覧表からの「つまみ食い」か、判別のしようがない。学問上の国際交流においても、資料の発表には慎重を期したほうが学問のためになる、という教訓を学んだ一例として、同学の後輩への老婆心までに付記する。

3) 元稿は、上注2.に引用した *Working Paper*, Nr. 36 で、これを帰国後、自分で邦訳しながら改訂した。そのさい、参照指示のネットワークを再検証し、不整合参照指示の41例目（Nr. 368）を発見した。信憑性論文の訳注3、参照。

4) ただし、タイプ印刷の草稿は、1986年には成立しており、「『経済と社会』の編纂に寄せての考察 Überlegungen zur Edition von ,,Wirtschaft und Gesellschaft"」と題され、筆者宛

郵送されてきた。
5) 『社会経済学綱要』第一回配本には、1914年6月2日付け「序言 Vorwort」のあとに「全巻の構成(一覧)Einteilung des Gesamtwerkes」が添付されている。そのうち、ヴェーバー自身の主たる担当が、「1篇・経済の基礎、III部＝C・経済と社会、I.経済と社会的秩序ならびに(社会的)勢力 Die Wirtschaft und die gesellschaftlichen Ordnungen und Mächte」で、下記のような内容項目からなる。これをヴィンケルマンは「当初のプラン ursprünglicher Plan」、住谷一彦は「オリジナル・プラン」、シュルフターは「1914年構成表 Disposition von 1914」と略称したが、折原は、妥当性の時間的限界を明示する趣旨で、シュルフターの呼称を採用している。
  1. (1) 社会的秩序のカテゴリー。
     (2) 経済と法の原理的関係。
     (3) 団体の経済的関係一般。
  2. 家ゲマインシャフト、オイコスおよび経営。
  3. 近隣団体、氏族、ゲマインデ。
  4. 種族ゲマインシャフト関係。
  5. (1) 宗教ゲマインシャフト。
     (2) 宗教の階級的被制約性。(3) 文化宗教と経済エートス。
  6. 市場ゲマインシャフト形成。
  7. (1) 政治団体。
     (2) 法発展の条件。(3) 身分、階級、党派。(4) 国民。
  8. 支配：
     a) 正当的支配の三類型。
     b) 政治的支配と教権制的支配。
     c) 非正当的支配。
        都市の類型学。
     d) 近代国家の発展。
     e) 近代政党。
  (注：(n) は、引用のさいに配列順を示す便宜のため、折原が付加)
6) 上注5)に掲載した「1914年構成表」の項目中、1.から(3)を抜き出して「頭」(「双頭」の片方)とし、そのあとに、2.～4.、6.、7.(1)、(3)、(4)にそれぞれ該当するテキスト(上注1.に掲載したマリアンネ・ヴェーバー編の構成表では、「2部1、2、3、5章」「3部2、3、4章」)を収録するらしい。
7) 1910年5月、当時はまだ『政治経済学ハンドブック』というタイトルを冠した叢書への共同執筆者宛、出版社から郵送された、「序言 Vorbemerkung」つき「題材分担案 Stoffverteilungsplan」で、『全集』II/6：766-774に収録されている。これによると、マック

ス・ヴェーバーの主たる担当分は、「1篇・経済と経済学、Ⅲ・経済、自然および社会、2.b) 経済と人種」、「同 4. 経済と社会、a) 経済と法 (1. 原理的関係、2. 今日の状態にいたる発展の諸時期)、b) 経済と社会集団 (家族団体と地域団体、身分と階級、国家)、c) 経済と文化 (史的唯物論の批判)」「同Ⅴ・経済学、1. 問題設定の目的と論理的性質」である。ただし、その他に (適任者が決まるまでの暫定措置も含むと思われるが)「近代国家と資本主義」「資本主義経済にたいする近代的交通‐通信手段の一般的意義」「農業経済における資本主義の限界」「資本主義発展にたいする阻害・随伴結果および反動の種類と範囲」「農業資本主義と人口構成」「中産身分にたいする保護政策」「国内植民政策」「いわゆる新中産身分」「労働者階級の本質と社会的状況」などの項目がかれ個人、「資本主義の内部的再編傾向」が、アルフレート・ヴェーバーばあいによってはマックス・ヴェーバー、の分担とされている。

文献

Orihara, Hiroshi, 1993: Über den „Abschied" hinaus zu einer Rekonstruktion von Max Webers Werk: „Wirtschaft und Gesellschaft", 2. Teil (Das Authentizitätsproblem der Voraus- und Zurückverweisungen im Text des „2. und 3. Teils" der 1. Auflage als eine Vorfrage zur Rekonstruktion des „Manuskripts 1911-13"), in: The Department of Social and International Relations, University of Tokyo, Komaba, ed., *Working Paper*, Nr. 36, Tokio.

折原浩、1996:『ヴェーバー「経済と社会」の再構成――トルソの頭』、東京:東京大学出版会。

Schluchter, Wolfgang, 1984: Max Webers Religionssoziologie, in: KZfSS 36: 343-365; später [1988] 1991, in: *Religion und Lebensführung*, Bd. 2, Frankfurt/Main: Suhrkamp, 557-596=佐野誠訳「宗教社会学――作品史の再構成」、河上倫逸編、1990:『ヴェーバーの再検討――ヴェーバー研究の新しい地平』、東京:風行社、115-172。

Schluchter, Wolfgang [1988] 1991: »Wirtschaft und Gesellschaft«――Das Ende eines Mythos, in: *Religion und Lebensführung*, Bd. 2, 597-634. 茨木竹二訳、1988:「仮構の終焉」、『思想』767: 200-231; 後には井上琢也訳「経済と社会――神話の終焉」、河上編『ヴェーバーの再検討』、1-56。

Tenbruck, Friedrich H., 1977: Abschied von „Wirtschaft und Gesellschaft", in: *Zeitschrift für die gesamte Staatswissenschaft* 133: 703-736=住谷一彦・小林純・山田正範訳、1997:『マックス・ヴェーバーの業績』、東京:未来社、95-177。

Weber, Max, [1922] 1980: *Wirtschaft und Gesellschaft, Grundriß der verstehenden Soziologie*, besorgt von Johannes Winckelmann, 5. rev. Aufl., Studienausg., Tübingen: J. C. B. Mohr.

Winckelmann, Johannes, 1986: *Max Webers hinterlassenes Hauptwerk*, J. C. B. Mohr: Tübingen.

『経済と社会』、第三・五版、対照表　細目

第三版（マリアンネ・ヴェーバー編）　　　　　**第五版（ヨハンネス・ヴィンケルマン編）**

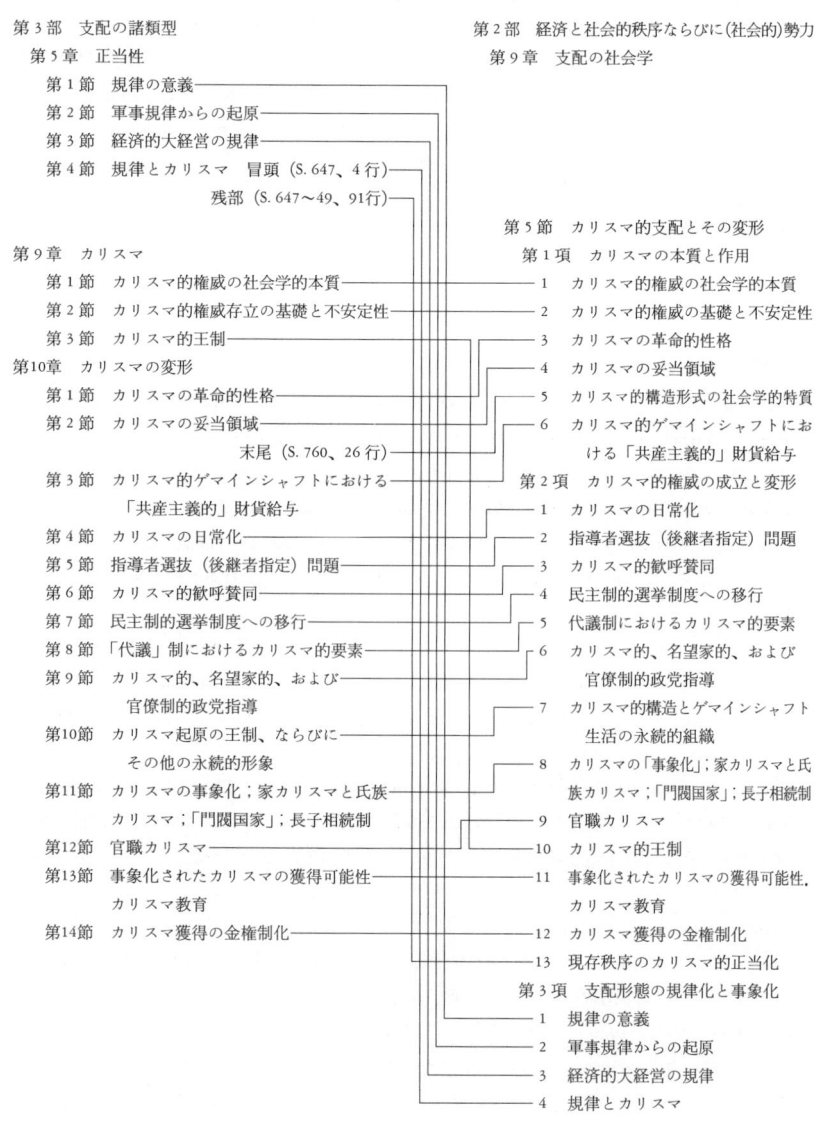

第3部　支配の諸類型　　　　　　　　　　　　第2部　経済と社会的秩序ならびに（社会的）勢力
　第5章　正当性　　　　　　　　　　　　　　　第9章　支配の社会学
　　第1節　規律の意義
　　第2節　軍事規律からの起原
　　第3節　経済的大経営の規律
　　第4節　規律とカリスマ　冒頭（S. 647、4行）
　　　　　　　　　　　　　残部（S. 647～49、91行）
　　　　　　　　　　　　　　　　　　　　　　　　第5節　カリスマ的支配とその変形
　第9章　カリスマ　　　　　　　　　　　　　　　　　第1項　カリスマの本質と作用
　　第1節　カリスマ的権威の社会学的本質　　　　　　　1　カリスマ的権威の社会学的本質
　　第2節　カリスマ的権威存立の基礎と不安定性　　　　2　カリスマ的権威の基礎と不安定性
　　第3節　カリスマ的王制　　　　　　　　　　　　　3　カリスマの革命的性格
　第10章　カリスマの変形　　　　　　　　　　　　　4　カリスマの妥当領域
　　第1節　カリスマの革命的性格　　　　　　　　　　5　カリスマ的構造形式の社会学的特質
　　第2節　カリスマの妥当領域　　　　　　　　　　　6　カリスマ的ゲマインシャフトにお
　　　　　　末尾（S. 760、26行）　　　　　　　　　　　ける「共産主義的」財貨給与
　　第3節　カリスマ的ゲマインシャフトにおける　　　第2項　カリスマ的権威の成立と変形
　　　　　「共産主義的」財貨給与　　　　　　　　　　1　カリスマの日常化
　　第4節　カリスマの日常化　　　　　　　　　　　　2　指導者選抜（後継者指定）問題
　　第5節　指導者選抜（後継者指定）問題　　　　　　3　カリスマ的歓呼賛同
　　第6節　カリスマ的歓呼賛同　　　　　　　　　　　4　民主制的選挙制度への移行
　　第7節　民主制的選挙制度への移行　　　　　　　　5　代議制におけるカリスマの要素
　　第8節　「代議」制におけるカリスマ的要素　　　　6　カリスマ的、名望家的、および
　　第9節　カリスマ的、名望家的、および　　　　　　　官僚制の政党指導
　　　　　官僚制の政党指導　　　　　　　　　　　　7　カリスマ的構造とゲマインシャフト
　　第10節　カリスマ起原の王制、ならびに　　　　　　　生活の永続的組織
　　　　　その他の永続的形象　　　　　　　　　　　8　カリスマの「事象化」；家カリスマと氏
　　第11節　カリスマの事象化；家カリスマと氏族　　　　族カリスマ；「門閥国家」；長子相続制
　　　　　カリスマ；「門閥国家」；長子相続制　　　　9　官職カリスマ
　　第12節　官職カリスマ　　　　　　　　　　　　　10　カリスマの王制
　　第13節　事象化されたカリスマの獲得可能性　　　　11　事象化されたカリスマの獲得可能性．
　　　　　カリスマ教育　　　　　　　　　　　　　　　カリスマ教育
　　第14節　カリスマ獲得の金権制化　　　　　　　　12　カリスマ獲得の金権制化
　　　　　　　　　　　　　　　　　　　　　　　　13　現存秩序のカリスマ的正当化
　　　　　　　　　　　　　　　　　　　　　　　　第3項　支配形態の規律化と事象化
　　　　　　　　　　　　　　　　　　　　　　　　　1　規律の意義
　　　　　　　　　　　　　　　　　　　　　　　　　2　軍事規律からの起原
　　　　　　　　　　　　　　　　　　　　　　　　　3　経済的大経営の規律
　　　　　　　　　　　　　　　　　　　　　　　　　4　規律とカリスマ

マックス・ヴェーバー『経済と社会』、

第三版（マリアンネ・ヴェーバー編）　　第五版（ヨハンネス・ヴィンケルマン編）

第1部　経済と社会的秩序ならびに（社会的）勢力　　第1部　社会学的範疇論
　第1章　社会学の基礎概念　　　　　　　　　　　　　第1章　社会学の基礎概念
　第2章　経済行為の社会学的基礎範疇　　　　　　　　第2章　経済行為の社会学的基礎範疇
　第3章　支配の諸類型　　　　　　　　　　　　　　　第3章　支配の諸類型
　第4章　階級と身分　　　　　　　　　　　　　　　　第4章　階級と身分
第2部　ゲマインシャフト形成と　　　　　　　　　　第2部　経済と社会的秩序ならびに（社会的）勢力
　　　　ゲゼルシャフト結成の諸類型　　　　　　　　　第1章　経済と社会的秩序
　第1章　経済と社会（一般）　　　　　　　　　　　　第2章　ゲマインシャフトの経済的諸関係
　第2章　ゲマインシャフト形成と　　　　　　　　　　　　　　（経済と社会）一般
　　　　　ゲゼルシャフト結成の諸類型　　　　　　　　第3章　ゲマインシャフト形成とゲゼルシャフト
　第3章　種族的ゲマインシャフト　　　　　　　　　　　　　　結成の諸類型――経済との関係
　第4章　宗教社会学（宗教的ゲマインシャフト　　　　第4章　種族的ゲマインシャフト関係
　　　　　形成の諸類型）　　　　　　　　　　　　　　第5章　宗教社会学（宗教的ゲマインシャフト形成
　第5章　市場　　　　　　　　　　　　　　　　　　　　　　　の諸類型）
　第6章　経済と秩序　　　　　　　　　　　　　　　　第6章　市場ゲゼルシャフト
　第7章　法社会学（経済と法）　　　　　　　　　　　第7章　法社会学
　第8章　都市　　　　　　　　　　　　　　　　　　　第8章　政治ゲマインシャフト
第3部　支配の諸類型　　　　　　　　　　　　　　　　　　第1節　政治団体の本質と「適法性」
　第1章　支配　　　　　　　　　　　　　　　　　　　　　第2節　政治的ゲゼルシャフト結成の発展段階
　第2章　政治ゲマインシャフト　　　　　　　　　　　　　第3節　勢力威信と「列強」
　第3章　勢力形象。「国民」　　　　　　　　　　　　　　第4節　「帝国主義」の経済的基礎
　第4章　階級、身分、および党派　　　　　　　　　　　　第5節　「国民」
　第5章　正当性　　　　　　　　　　　　　　　　　　　　第6節　ゲマインシャフト内部の勢力配分：
　第6章　官僚制　　　　　　　　　　　　　　　　　　　　　　　　階級、身分、および党派
　第7章　家産制　　　　　　　　　　　　　　　　　　第9章　支配の社会学
　第8章　家父長制と封建制の作用　　　　　　　　　　　　第1節　支配の構造形式と機能様式
　第9章　カリスマ　　　　　　　　　　　　　　　　　　　第2節　官僚制的支配の本質、前提、および展開
　第10章　カリスマの変形　　　　　　　　　　　　　　　　第3節　家父長制的支配と家産制的支配
　第11章　国家と教権制　　　　　　　　　　　　　　　　　第4節　封建制、「身分制国家」、および家産制
　　　　　　　　　　　　　　　　　　　　　　　　　　　　第5節　カリスマ的支配とその変形
　　　　　　　　　　　　　　　　　　　　　　　　　　　　第6節　政治的支配と教権制的支配
　　　　　　　　　　　　　　　　　　　　　　　　　　　　第7節　非正当的支配（都市の類型学）
　　　　　　　　　　　　　　　　　　　　　　　　　　　　第8節　合理的国家。近代政党－議会（国家社会学）
付録：音楽の合理的‐社会学的基礎
――――　別紙細目（前ページ）参照

第三・五版・邦訳、対照表

邦　訳

阿閉吉男・内藤莞爾訳『社会学の基礎概念』(1953、角川文庫、1987、恒星社厚生閣)；
　清水幾太郎訳『社会学の根本問題』(1972、岩波文庫)
富永健一訳「経済行為の社会学的基礎範疇」(尾髙邦雄編『マックス・ウェーバー』、世界の名著 50、1975、中央公論社、pp. 295〜484)
-浜島朗訳『権力と支配』(1954、みすず書房、1967、有斐閣)、第 1 部 1〜11；世良晃志郎訳『支配の諸類型』(1974、創文社)、第 3 章
-浜島朗訳『権力と支配』、第 1 部 12；世良晃志郎訳『支配の諸類型』、第 4 章

-世良晃志郎訳『法社会学』(1974、創文社)、第 1 章

-厚東洋輔訳「経済と社会集団」(尾髙邦雄編『マックス・ウェーバー』、pp. 485〜598)

-中村貞二訳「種族的共同社会関係」(『みすず』、1977、9/10 月号、pp. 64-81)

-武藤一雄他訳『宗教社会学』(1976、創文社)

-世良晃志郎訳『法社会学』(1974、創文社)、第 7 章

-浜島朗訳『権力と支配』、第 2 部第 2 章

-同上、第 2 部第 3 章

-同上、第 2 部第 4 章

-同上、第 2 部第 1 章
-世良晃志郎訳『支配の社会学』I (1960、創文社)
-浜島朗訳『家産制と封建制』(1957、みすず書房)
-世良晃志郎訳『支配の社会学』II (1962、創文社)

-世良晃志郎訳『都市の類型学』(1964、創文社)
-石尾芳久訳『国家社会学』(1960、法律文化社)
-安藤英治他訳『音楽社会学』(1967、創文社)

　　　注　初版と第三版は、第二部第七章と同第八章でのみ、ページがずれている。
　　　　　第七章の第一ページは、初版では 386、第三版では 387、第八章の最終ページは、初版では 600、第三版では 601 である。

1

マックス・ヴェーバー『経済と社会』の再構成への基礎づけ
──初版「2-3部」における参照指示の信憑性──

折原 浩 著／山口 宏 訳

> 「いわば遮眼革をつけて、この写本のまさにこの箇所を正しく判読することに、自分の魂の運命がかかっているのだ、とまで思い込むことのできない人は、まず学問には縁遠い人である。」
> (Max Weber 1988：589) 訳注1)

> 「方法的にことを運ぼうと思えば、科学の最初の基礎を、もろくも崩れやすい砂上にではなく、しっかりした地盤の上に据えなければならない」
> (Émile Durkheim 1965：140) 訳注2)

要約：マックス・ヴェーバーの著作『経済と社会』の「編纂問題」をめぐる議論では、今日、つぎのことが問題となる。それは、「二部構成」から解放された初版「2-3部」のテキストを、いかにして再構成すべきか、という問題である。文献事実上の手掛かりとしては、テキスト内の前後参照指示が利用されるべきである。だがそこで、それらはほんとうにマックス・ヴェーバーに由来するものなのか、あるいは編者によって書き替えられたのか、という疑念が生ずる。本稿では、この問題がつぎのように解決される。まず、当該テキスト内に 40 例 (8.9％)訳注3) の「不整合な unrichtig」参照指示が見い出される。つぎにその「不整合」がもともとの草稿に由来するものではない、ということが、状況証拠によって推認される。その上で、不整合のひとつひとつが検討される。結論として導かれるのは、それらが初版編纂時のテキスト並べ替えによって生じたにちがいないということ、つまり、並べ替えられた初版テキスト内の個々の参照指示そのものは、原草稿のままに保存されているということ、である。

I. 問題状況

　マックス・ヴェーバーの著作『経済と社会』の「編纂問題」をめぐっては、従来版の「二部構成」にたいして、フリードリッヒ・H・テンブルック (1977) が根本的な批判を行った。そしてヴォルフガング・シュルフター (1991: とりわけ 625, 632) が、その批判を本質的部分において認めて以後、議論は新たな段階に入り、新たな課題をわれわれに提示しているように思われる。ヨハンネス・ヴィンケルマンはその遺作 (1986) のなかで『経済と社会』の成立史を再検討しているが、テンブルックの批判に答えてもいなければ、「二部構成」保持の理由を首尾よく証明してもいない。この点は、ヨハンネス・ヴァイスも、関連する論評 (1988) のなかで認めている。筆者もまたヴィンケルマンの遺作をとりあげ、「二部構成」はマックス・ヴェーバーの構想でもなければ、結果でもない、ということを証明した (Orihara 1986)。

　したがっていまやわれわれは、つぎの問題に取り組むことができるし、取り組まなければならない。それは、ようやく「二部構成」から解放されたテキストそのものを、いかに扱い、再構成すべきか、という問題である。そのさい、「1 部」(Max Weber 1922: 1-180)、つまり「新稿」には、ほとんど問題はない。というのは、マックス・ヴェーバー自身が部分的に校正に目を通して、仕上げていたからである。しかしマリアンネ・ヴェーバーとその共同編者のメルヒオール・パリュイとによって、遺稿、つまり「浩瀚な旧稿」から編纂された「2－3 部」(前掲: 181-817〔5 版: 181-868〕) については、その構成のみならず、信憑性も問題としなければならない。

　テキストそれ自体がマックス・ヴェーバー自身に由来していることは、ほとんど疑いの余地がない。そのことは、一方では、その内容が彼の信憑性のある他の諸作と緊密な関連にあることによって、また他方では、彼以外には誰も付すことができないような、正確で広範にわたる前後参照指示のネットワークが見い出されることによって[1]、この上なく高い蓋然性をもって示さ

れる。しかしながら、テキスト再構成への文献事実的手掛かりとして使われるべき前後参照指示については、そのすべてがほんとうにマックス・ヴェーバー自身に由来するのか、ということは、問題とされうるし、されなくてはならない。

　これは、いわれのない疑いではない。4-5版の編纂において、第二次編者は、テキスト内の全部で18例の参照指示を、自らの編纂に都合のいいように、しばしば理由を挙げることなく書き替えている[2]。ここで個別に検討するわけにはいかないが、彼の書き替えの全てには、参照指示と被指示叙述とを詳細に比較する作業にもとづく、必要かつ正確な証明が欠けている[3]。いずれにせよ、ひとりの編者がテキストの参照指示にそのような介入を企て、実施することができたという事実は、最初の編者も、初版の編纂にさいして同じことをおこないえたのではないか、という拒みがたい疑念を呼び起こす。本来この問いは、そもそも第二次編者が編纂への手掛かりとしてテキストの参照指示を利用する前に、彼自身によって立てられ、答えられなければならなかったであろう。しかし彼はそうしたことを気にかけず、先行版テキスト内の参照指示の信憑性をアプリオリに前提してしまった。その結果として彼の版はなお、「もろくも崩れやすい砂上」[4]に、つまり参照指示の一度も検証されたことのない信憑性の上に立っているのである。当然これから出される『マックス・ヴェーバー全集』の該当巻は、信憑性についての学問的に厳密な検証と、妥当な証明とに基礎づけられなければならないであろう。

II. ひとつの仮説の構成

　しかしながら、マックス・ヴェーバーのもともとの草稿は大部分が失われてしまっている。その初版「2-3部」のテキストにおける参照指示の信憑性を、もともとの草稿と比較することなく確かめ、証明することは可能であろうか。この難問（アポリア）にかんして、つぎのような方針にしたがうならば、ひとつの解決が可能であると考えられる。

まず、最初の編者がもともとの草稿の全参照指示を、みずからの編纂に都合がよいように、根本的かつ体系的に書き替えることを企て、完遂したと仮定してみる。そうすると、そのように完全につくり変えられた著作の内部で、以下のふたつのことが示されるはずである。(a)すべての参照指示が、テキスト内に、内容的に対応する叙述（被指示箇所）をともなっている。(b)一方で各後出参照指示は後に続くどこかの箇所に、他方で各前出参照指示は先行するどこかの箇所に、それぞれひとつ以上の正確に対応する叙述を見いだす。以下では、参照指示と被指示叙述とのそうした適切な対応関係一般を、参照指示の「整合性 Richtigkeit」と呼ぶことにする。

　しかし初版「2－3部」のテキストに、ある種の、無視できない質と量の「不整合な」参照指示が見いだされるばあい、つまり(a)ある程度の数の参照指示に、対応する叙述がまったく見いだせないばあい（「〔被指示箇所の〕欠落した参照指示」）か、あるいは、(b)ある後出参照指示にたいして、対応する叙述が先行する箇所に存在するか、もしくは逆に、ある前出参照指示にたいして、内容的に関連する叙述が後続の箇所に存在するばあい（「逆転した参照指示」）、そのような「不整合」は、最初の編者がテキスト内の参照指示にかんして、前で仮定したような根本的かつ体系的な書き替えを完遂できなかった、ということの証明となる。

　他方、そのような「不整合な」参照指示がかなり多く見いだされるとしても、それらが最初の編者による恣意的な書き替えに由来しているとは、とうてい考えられない。とりわけ、夫の草稿をできるかぎり忠実に引き継ぐことに最善を尽くそうとしたマリアンネ・ヴェーバーにかんしては、そうである (Marianne Weber 1948: 115, 121-125)。

　したがって、そうした「不整合な」参照指示が相当多く見いだされるばあい、それらはマックス・ヴェーバーのもともとの草稿に由来するものか、あるいは、編者によるものではあるが、体系的かつ恣意的に書き替えられたわけではないか、のいずれかであると考えざるをえないことになる。

　それらがもともとの草稿に含まれていた、という第一の仮説は、本来であれば、草稿そのものと直接比較して、すぐに検証されるはずのものである。

しかし原草稿が大部分失われて、照合ができないという条件のもとでは、なんらかの次善の策をとる以外にない。そこで状況証拠として、マックス・ヴェーバーによって書かれた信憑性のある、つまり彼によって完成され公刊された諸論考を選び、そこでは前後参照指示が「整合的」であるかどうか、またそれはどの程度か、ということを検証することはできる。そして遺稿である「旧稿」もまた、すでにほぼ同様の完成段階に到達していたと、ある程度の確かな証拠にもとづいて想定できるならば、〔信憑性ある諸論考と〕同様かあるいはそれに近い「整合性」をそこに推認してよいことになるだろう。このようにして原草稿における参照指示の「整合性」を仮定できるとすれば、つぎのような第二の仮説を受け入れざるをえないことになる。それは、初版テキストにおける「不整合な」参照指示が、編纂の途上で、しかし体系的ないしは恣意的な書き替えによるのではない事情で生じたはずである、という仮説である。

しかしそこにいかなる事情が考えられるだろうか。もっとも蓋然性の高いこととして仮定できるのは、マックス・ヴェーバーが自身の構成プランにしたがって正確に草稿のなかに書き入れた「整合的な」参照指示が、最初の編纂者によるテキストの並べ替えにもかかわらず、それに合わせて書き替えられず、原草稿におけるのと同じように保たれている、ということではないだろうか。また、もし初版テキストにおける「不整合な」参照指示に、最初の編纂での並べ替えから「不整合」が生じたことを推測させるような「特徴的な系統性 typische Linien」が見いだされるとすれば、その蓋然性はさらに高まるのではないだろうか。

こうした問いに肯定をもって答えられるとすれば、そこからはつぎのような結論を引き出すことができるであろう。すなわち、初版テキストにおける各参照指示は、マックス・ヴェーバーが原草稿に書き入れたのと同じままである、つまりいぜんとして信憑性を保っている、という結論である。

III.「2-3部」テキストにおける40例の「不整合」参照指示

そこで初版の「2-3部」に目を通し、テキストの参照指示を遺漏なく検出し、それぞれを内容的に関連する、指示された叙述と比較してみると、全部で447例におよぶ前出、後出、および他出参照指示の8.9％にあたる、40例[訳注3]の「不整合な」参照指示が見出される[5]。下の**表1**では、①40例の「不整合な」参照指示すべてに連続した番号が付され、さらに、②それぞれの箇所が、初版のページと行によって示され、③すべてが三つのカテゴリー（前＝前出参照指示、後＝後出参照指示、他＝他出参照指示）に分類され、④参照指示を付された箇所のそれぞれの内容が要約され、そして⑤内容的に対応する、指示された叙述の箇所が、漏れなく挙示されている。

表1.「経済と社会」「2-3部」における「不整合参照指示」40例

①	②	③	④	⑤
1	187ページ、12行目〔5版、205, 12＝厚東訳：539〕	前	ゲゼルシャフト結成と、その「範囲を超え出る」ゲマインシャフト形成	WL 461, 470-471〔海老原・中野訳：97, 120〕
2	187, 31〔205, 下から24行目＝厚東訳：540〕	前	「範囲を超え出る」ゲマインシャフト形成	WL 461, 470-471〔海老原・中野訳：97, 120〕
3	195, 3〔213, 3＝厚東訳：555〕	後	「家族」概念の多義性	
4	219, 42〔237, 下13＝中村訳：71〕	前	ゲゼルシャフト結成の、人的ゲマインシャフト関係への解釈換え	WL 461, 470-471〔海老原・中野訳：97, 120〕
5	315, 29〔333, 下26＝武藤他訳：223〕	後	神秘家の革命的転身における分岐の理由	
6	335, 54〔353, 下1＝武藤他訳：271〕	前	禁欲に特有の逆説としての、意図せざる財産蓄積	810; Archiv Bd.21, 103-104, Bd.41 395〔719＝世良訳、支配II：634; 梶山・安藤編：345-349; 木全訳：4〕
7	369, 8-9〔182, 4-5＝世良訳、法：5〕	前	合理的秩序の「存在」の意義	WL 443-445, 452, 472-473〔海老原・中野訳：51-56, 74-75, 122-124〕

8	369, 18〔5版, 182, 16＝世良訳, 法：5〕	前	法秩序の経験的妥当	WL 443-444, 472〔海老原・中野訳：52-55, 122-123〕
9	369, 26〔182, 24＝世良訳, 法：6〕	前	「保証された客観的法」の存在条件としての, 「強制装置」の現存	WL 445 Anm., 447, 449, 460, 462, 464, 466〔海老原・中野訳：59注, 63, 67, 94, 99, 105〕
10	374, 27〔187, 下16＝世良訳, 法：30〕	誤[1]	ゲマインシャフト形成と習俗	218-219〔236-237＝中村訳：69〕
11	377, 25〔190, 下25＝世良訳, 法：38〕	前	「団体に規制される」行為は「団体行為」のみではない	WL 446, 447, 468〔海老原・中野訳：61, 113〕
12	385, 30〔198, 下6-5＝世良訳, 法：64〕	後	市場ゲゼルシャフト結成に内在する傾向としての市場拡大	366〔384〕
13	391, 22〔392, 18＝世良訳, 法：87〕	後	契約債務に対する相続人の責任	
14	393, 32-33〔394, 28-30＝世良訳, 法：95〕	他	近代的公法の発展	
15	394, 下3〔394, 下3＝世良訳, 法：99〕	前	始源的法発見一般の非合理性	390, 391, 400, 401, 405〔391, 444, 445, 449-450＝世良訳, 法：80, 280-281, 285, 295〕
16	406, 42〔451, 3＝世良訳, 法：297〕	前	ディンクゲノッセンシャフト裁判の結果としての, 身分的自律	451-452〔438＝世良訳, 法：237〕
17	406, 48〔451, 9＝世良訳, 法：298〕	前	ディンクゲマインデの政治的理由	451〔438＝世良訳, 法：237-238〕
18	423, 10〔408, 下2＝世良訳, 法：140〕	前	ゲルマン法における物神崇拝	425〔412＝世良訳, 法：163〕
19	471, 26〔472, 下27＝世良訳, 法：390〕	後	高利貸しと利息の禁止の問題	334-335, 801-802〔340＝武藤他訳：239-240, 710-711＝世良訳, 支配Ⅱ：600-604〕
20	535, 6〔749, 8-9＝世良訳, 都市：107〕	後	イスラエルにおけるディンクゲマインデの痕跡	
21	543, 下23〔757, 下23＝世良訳, 都市：144〕	前	経済的に余暇のある者のみが, 市民集会に参加できること	608-609, 688-689, 716〔546-547＝世良訳, 支配Ⅰ：18-19, 617-618＝世良訳, 支配Ⅰ：266-268〕
22	555, 10〔769, 8＝世良訳, 都市：185〕	前	「メンナーハウス」としてのフラトリー	195, 616-617〔213＝厚東訳：555-557, 517-518＝浜島訳：180-182〕

23	556, 19〔5 版, 770, 17＝世良訳, 都市：188〕	前	祭司層にたいする事実上の支配者としてのポリス	470, 581, 698, 781〔472＝世良訳, 法：391, 796＝世良訳, 都市：285, 599＝世良訳, 支配Ⅰ：205, 690＝世良訳, 支配Ⅱ：532〕
24	560, 40〔774, 下17＝世良訳, 都市：207〕	後	典型的都市貴族の、対象に応じた財産投資の方法	558, 586, 597－598〔773, 801, 812－813＝世良訳, 都市：203-204, 305, 345-346〕
25	573, 18-19〔787, 16-17＝世良訳, 都市：250〕	前	営利事業者における経済的余暇欠乏の意義など	688-689〔589＝世良訳, 支配Ⅰ：172－173〕
26	606, 9〔544, 9＝世良訳, 支配Ⅰ：9〕	前	社会的勢力の基礎としての所有	635〔534-535＝浜島訳：226〕
27	647, 53〔679, 下13＝世良訳, 支配Ⅱ：497〕	前	カリスマの日常化の経済的契機	281, 763〔299＝武藤他訳：139－140, 662＝世良訳, 支配Ⅱ：428〕
28	645, 19〔684, 下12＝世良訳, 支配Ⅱ：511〕	前	原生的な規律ある軍隊としての, 戦士共産主義	760-761〔660＝世良訳, 支配Ⅱ：421－422〕
29	693, 5〔594, 5＝世良訳, 支配Ⅰ：189〕	後	家産制的軍隊の意義と種類	685-689〔587-590＝世良訳, 支配Ⅰ：166-174〕
30	04, 50〔605, 下5＝世良訳, 支配Ⅰ：228〕	前	重要な地位への親族の配置は両刃の剣	711〔612＝世良訳, 支配Ⅰ：249〕
31	713, 23-24〔614, 23-25＝世良訳, 支配Ⅰ：256〕	後	地方行政の手段としての, 都市建設の意義	518, 519, 531, 532, 740〔733, 734, 746, 747＝世良訳, 都市：26, 31, 94, 102, 641＝世良訳, 支配Ⅱ：358〕
32	713, 32〔614, 下12＝世良訳, 支配Ⅰ：256〕	後	教会が帝国統一の支えであり続けられなかった理由	699, 796〔600＝世良訳, 支配Ⅰ：209, 705＝世良訳, 支配Ⅱ：582〕
33	719, 11〔620, 13＝世良訳, 支配Ⅰ 272〕	後	イタリアにおける, 門閥とポポロ・グラッソの融合	563〔778＝世良訳, 都市：218〕
34	725, 38〔626, 下17-16＝世良訳, 支配Ⅱ：292〕	後	ローマにおける被護民への土地貸与	591-592, 730〔806-807, 623＝世良訳, 支配Ⅱ：312-322, 293〕
35	737, 8-9〔638, 9-10＝世良訳, 支配Ⅱ：349〕	後	西洋でのみ, 身分制国家と官僚制が完全に発展した理由	
36	737, 40〔638, 下12＝世良訳, 支配Ⅱ：351〕	後	「大宰相」の必然性	648〔680＝世良訳, 支配Ⅱ：499〕
37	738, 下21〔639, 下19＝世良訳, 支配Ⅱ：353〕	後	「長老会議」流の合議体など	558〔772＝世良訳, 都市：198-199〕

38	759, 3〔5版, 658, 15＝世良訳, 支配Ⅱ：412-413〕	前	「理念の悲劇」としての合理化	WL 471-473〔海老原・中野訳：122-126〕
39	773, 16〔672, 下6-5＝世良訳, 支配Ⅱ：469〕	後	首長の神格化の帰結	648, 779ff.〔680, 688＝世良訳, 支配Ⅱ：498, 524-525〕
40	777, 9〔677, 下7＝世良訳, 支配Ⅱ：489〕	誤²	独占的利害によるゲマインシャフトの閉鎖の図式	185〔201-202＝厚東訳：532-533〕
41	初版：611, 20-21, 5版：549, 20-21＝世良訳, 支配Ⅰ：28	前	「正当性」問題	初版：614-615, 5版：516＝浜島訳：179

WL：Gesammelte Aufsätze zur Wissenschaftslehre〔『学問論集』〕
Archiv：Archiv für Sozialwissenschaft und Sozialpolitik〔『社会科学・社会政策雑誌』〕
前：前出参照指示
後：後出参照指示
誤¹：脚注での誤った参照指示
誤²：誤植
他：他出参照指示
〔4〕については，訳注3）参照〕

　上で立てた仮説からすると、初版テキストにおける、この40例の「不整合な」参照指示の存在が意味するであろうことは、最初の編者が、参照指示の体系的ないしは恣意的な書き替えを企てなかったし、完遂しなかった、ということである。

　そうだとすれば、ではこの「不整合な」参照指示は、はたして原テキストに由来するものなのだろうか。

Ⅳ. 状況証拠としての、信憑性ある四論考における参照指示の「整合性」

　まずもって問われなければならないのは、マックス・ヴェーバーによって書かれた信憑性ある論考において、同様の「不整合な」参照指示が見いだされるか否か、ということである。そのため、一方では、方法論の著作系列に属するカテゴリー論文を、他方では、歴史‐文化社会学系列に属する「世界宗教の経済倫理」〔シリーズ〕の1915年の「序論」「儒教」および「中間考察」を取り上げる。というのは、これら四論考は、彼が「1911-13年旧稿」を書き下ろしたのとほぼ同時期に書かれたものであり、したがってもっとも近く、もっとも適切な状況証拠となるからである。

表 2. 前出、後出、および他出参照指示の分布

論文	前	後	他	合計
「カテゴリー論文」	23	6	7	36
「序論」	5	12	2	19
「儒教」	38	18	11	67
「中間考察」	12	6	4	22
合計	78	42	24	144

　上の**表 2** には、信憑性ある四論考に見いだされる前出、後出、および他出参照指示の数が示されている。

　カテゴリー論文においては全部で 36 例の参照指示が見られ、そのうちの六例が後出参照指示であり、23 例が前出参照指示である。参照指示と指示された叙述との関係についてここで逐一述べることはできないが[6]、それらはすべて完全に適合している。つまりこの信憑性あるテキストにおける参照指示の「整合性」は、100％ である。

　また「世界宗教の経済倫理」の最初の三論考にかんしても、91 例の前後参照指示それぞれが、内容的に対応する、指示された叙述を、同じ「経済倫理」系列の内部に見いだしている。つまりここでも「整合性」の度合いは 100％ である[7]。

V.「旧稿」の完成度

　それでは、上記の信憑性ある四論考と比較して、マックス・ヴェーバーは「1911-13 年旧稿」をどの程度まで仕上げていたのであろうか。この問いに関連して、まず「旧稿」の完成度が高いものであると彼自身が主観的に考えていたことを示す、ふたつの客観的な証拠がある。

　まず目を向けるべきは、1913 年 12 月 30 日付の、パウル・ジーベック宛の彼の書簡である。そこで彼は「旧稿」の完成について、「私は、主要なゲマインシャフト形式を経済との関連でとりあげる、まとまった理論と叙述を仕上

げました」と明確に述べている[8]。第二に、彼は『綱要』の初回配本に寄せた、1914年6月2日付の序言において、彼自身の寄稿部分を含む「3巻〔1篇3部〕」を「10月中に組版にまわす」と述べ、「1915年の内には、全巻が刊行されるはずである」と予告している (Max Weber 1914 : IX)。

さらに、そうしたマックス・ヴェーバー自身の主観的な確信あるいは期待にかかわる証拠とならんで、客観的事実としての証拠もある。先に表1で示したように、内容上関連する被指示叙述が完全に欠けた、(a)型の「不整合な」参照指示は、わずか八例 (3、5、6[9]、13、14、20、24[10]、35) しか見いだされない。この八例という数は、全部で447例におよぶ前出、後出、および他出参照指示のうちの、わずか1.8%である。こうした型の「〔被指示叙述の〕欠落した参照指示」だけは、草稿が未完成だったことによると考えざるをえないだろう。したがって、その例が僅少であることがまさに、「旧稿」そのものの高い完成度を示していると考えることができる。確かにそこには、埋められるべき不備がいくつかある。しかしすでに書き下ろされた部分、つまり「旧稿」にかんするかぎり、完成目前にあったように思われる。

したがって、「旧稿」がほとんど完成していたとするならば、その草稿における参照指示もまた、完成した、信憑性ある彼の作品がもつ「整合性」の一般的水準に、つまりほぼ100%の整合性に達していなければならないことになる。そうであるならば、(a)型以外のほとんどすべての「不整合」参照指示は、もともとの草稿ではなく、初版編纂の途上で、しかし編者による体系的ないしは恣意的な書き替えによるのではないかたちで生じたにちがいない、という帰結にいたるのである。

では、参照指示の「不整合」を生み出した事情として、なにが考えられるのであろうか。

VI. 22例の「逆転参照指示」の発生

(a)型の八例を除くと32例が残り、そのうちの22例 (12、15、16、17、18、

19、21、22、23、25、26、27、28、29、30、31、32、33、34、36、37、39) が (b)型の「不整合な参照指示」となっている。

　この 22 例の「逆転参照指示」のなかで、まずは「法社会学」章に属する二例に目を向けてみたい。周知のように、この章の元来の内部構成は、1958 年に例外的に発見された原草稿にもとづいて復元された。〔そこでは〕ふたつの節（2 節と 3 節）が入れ替えられた (Max Weber 1960)。そうすると、これらふたつの「逆転不整合」もまた完全に解決されるのである。つまり、マックス・ヴェーバー自身がみずからの構成プランに沿って正確に草稿のなかに書き入れた、整合的な参照指示が、初版の編纂におけるテキストの並べ替えによって、「不整合な」参照指示として現れたわけである。とすれば、同じことが他の「逆転参照指示」にもあてはまるのではないか。

　しかし原草稿が失われたままの他の章にかんしては、各章の内部にせよ、章どうしの関係にせよ、原草稿にもとづいて原構成を復元することはできない。しかしその代わり、当時のマックス・ヴェーバーの構成プランとして、「1914 年構成表」[11] (Max Weber 1914：Ⅹ-Ⅺ) を指標とすることができる。たしかにマリアンネ・ヴェーバーは「序言」のなかで、この構成表の妥当性を、「本質的な点において放棄された」ものとして否認している (Max Weber 1922：Ⅲ)。ちなみに、初版では、この「序言」は『経済と社会』全体の冒頭にではなく、その「諸章の配列が編者とその協力者によって決定されなければならなかった」（前掲）ところの、「2‐3 部」の直前に置かれている。それにたいして第二次編者は、この「当初の ursprünglich プラン」が最初から最後まで、1918 年以後でさえも、したがって「新稿」を含む著作全体に妥当していたと考えた (Winckelmann 1949, 1972, 1986)。両者にたいして筆者は、「旧稿」にのみ、「1914 年構成表」が妥当すると考える。その根拠は、「2‐3 部」全体を通して、「1 部」の基礎概念ではなく、内容的には「1914 年構成表」の項「1. (1)社会的秩序のカテゴリー」に対応する、1913 年のカテゴリー論文のⅣ-Ⅶ節の概念が一貫して適用されている、という事実にある。「2‐3 部」の用語法をここで網羅的に挙示し、詳細に検証することはできないが、そこではたとえば〈ゲマインシャフト行為〉が、〈ゲゼルシャフト行為〉の対概念ではな

く、上位概念として用いられている。また「1部」ではカテゴリーとしては消えている〈諒解行為〉が、まだ明確かつ全面的に、重要な役割を果たしている。1918年以後、「1914年構成表」は確かに存命中のマックスとマリアンネのヴェーバー夫妻にとっては古いものとなったが[12]、書き下ろされていた「旧稿」そのものにおいては、マックス・ヴェーバーによる補足的-部分的な書き加えや修正にもかかわらず、大きな骨格にかんするかぎり、以前と同様に妥当し続けていたのである。

そこで初版の章の配列を、試しに「1914年構成表」に沿って並べ替えてみると、少なくとも10例（上記のうちの12、21、22、23、25、26、31、33、34、37）がふたたび整合的な参照指示となる[13]。したがってこれら10例の「不整合な」参照指示も、最初の編纂の結果と考えることができる。マックス・ヴェーバー自身によって「1914年構成表」に沿って整合的に書き入れられていた個々の参照指示は、初版編纂のさい「配列が編者とその協力者によって決定され」、したがって変更されたにもかかわらず、原草稿におけるのと同じままに印刷されたのである。

第二に、「逆転参照指示」の四例（27、28、36、39）は、「3部」の「5章・正当性」に関係している。このわずか八ページの、標準的でない「章」は、「1914年構成表」中に、対応する項目がない。内容的には明らかに「8. 支配」の項の小部分として組み込まれうるものであるが。またさらにこの「章」は、一貫性のない断片の寄せ集めとなっている。つまりそれは三つの異質な部分からなる。その三つとは、(1)カリスマの消失を招来する力 Macht としての「規律」を主題化している、1〜8節（WuG：642ページ1行目〜647ページ下から8行目〔5版：681ページ22行目〜687ページ7行目＝世良訳、支配Ⅰ：502-523〕）、(2)事象化されたカリスマの保持および、その保持の最も強い動機としての、積極的に特権づけられた社会層の正当化利害関心を論じた、9節（WuG：647ページ下から7行目〜648ページ16行目〔679ページ下から18行目〜680ページ5行目＝世良訳、支配Ⅱ：497-498〕）、(3)真正カリスマ的支配者の根源的不確実性および、そこから生ずる、後見人としての「大宰相 Großwesir」もしくは「責任内閣首班 Kabinettchef」の「憲法的」必然性を論じた、10〜12節（WuG：648ページ17

行目〜649ページ30行目〔680ページ6行目〜681ページ21行目＝世良訳、支配Ⅱ：498-501〕)、である。このような混成物が一章として独立している事態は、マックス・ヴェーバーのように論理的に厳密な著者自身に由来するとは考えられない。

そこで「マックス・ヴェーバーに特有の論理的に厳密なテキスト構成」や、「教科書としての didaktisch」目的から、節の終わりで次の節の主題を予告したり、節の初めで前の節を受けたりしている「架橋句および承前句」といった、比較的に客観的で、文献事実的な基準にしたがって、試しにこの三つの断片をそれぞれ、テキストの内容的‐論理的にもっとも適合する箇所に置き替えてみよう。すなわち、三つの断片を(1)「10章・カリスマの変形」の後[14]、(2)同じ「10章」のなかの、WuG：772ページ5行目〔671ページ下から16行目＝世良訳、支配Ⅱ：466〕以下[15]、そして(3)「11章・国家と教権制」の初めの導入部分[16]に、それぞれ置いてみよう。すると、上記の基準に適合した、少なくともいっそう理解しやすいテキスト構成がえられる。そしてそれによって同時に、四つの「不整合」も解消する。したがってこれら四つの「不整合」参照指示も、初版編纂におけるテキスト構成の変更によるものと考えられるのである。

第三に、ふたつの事例（29、30）は、マックス・ヴェーバーには稀な、単純に誤った参照指示をなしている。初版のテキスト構成を整合的と仮定するならば、マックス・ヴェーバーのように厳密な著者が、わずか四〜八ページ前、もしくは七ページ後に書いた自分自身の思考内容を忘れ、それぞれの箇所で単純に逆転した参照指示を付けた、ということになる。そこでむしろ、当該「3部」「12章・家産制」のテキスト構成が問題とされなければならない。

ここでもまた同様の文献事実的基準にしたがって、試しにふたつの節を、つまり(1)「奴隷軍隊などを用いた、家産制的支配者の勢力状況」を論じた5節（WuG：686ページ1行目〜689ページ23行目〔587ページ1行目〜590ページ24行目＝世良訳、支配Ⅰ：166-174〕）と、(2) 12節「諸例」のなかの3段「中東と西洋」（WuG：710ページ29行目〜711ページ16行目〔611ページ29行目〜612ページ16

行目＝世良訳、支配Ⅰ: 166-174]）とを、それぞれ内容的－論理的に適合する位置、つまり(1) 9節「家産制的官吏の生計」（WuG: 697ページ25行〔598ページ25行＝世良訳、支配Ⅰ: 204〕以下）の直前[17]と、(2) 12節「官吏にたいする家産制的支配の統一の擁護」（WuG: 704ページ25行〔605ページ25行＝世良訳、支配Ⅰ: 227〕以下）の直前[18]とに置いてみると、いっそう理解しやすいテキスト構成がえられ、上記の基準にもよりよく適合し、同時にふたつの「不整合」も解消する。したがってこれらふたつの事例も、初版編纂によって生じた結果と考えることができる。そこでは、原草稿にあった整合的な参照指示が、後からなされた並べ替えによって損なわれたのである。

　残りの(b)型事例のうちで、前出参照指示15は、後の箇所で対応する叙述を三つ有する、3/5の「不整合な」参照指示である。しかしこれら三つの箇所が、すぐ後に続く後出参照指示（WuG: 394ページ3行目〔394ページ下から2行目＝世良訳、法: 99〕）によってカバーされているとすれば、この3/5の「不整合」も解消する。他の二例（19、32）は、半分の「不整合な」参照指示となっている。しかしこれについては、マックス・ヴェーバーがふたつの対応箇所のうち、ひとつだけを念頭に置いていたと考えることができる。事例18は、理解できない、逆転参照指示であり、残念ながらしばらく保留しておくよりほかはない。

Ⅶ. カテゴリー論文への八例の前出参照指示

　残りの10例のうちの八例の前出参照指示（1、2、4、7、8、9、11、38）にかんしては、それぞれに対応する叙述が、「2－3部」の前述の部分を超え出て、カテゴリー論文Ⅳ～Ⅶ節に見いだされる[19]。これらの「不整合」が、「2－3部」中には被指示叙述が見いだされない、(a)型の特殊例として生じた理由は、以下のように説明されるだろう。

　事例38を除き、すべての事例は「2部」の最初の六つの「章」に集中している。とりわけ「6章・経済と秩序」には、四例（7、8、9、11）が見いださ

れる。そしてこの「章」は内容的に、「1914年構成表」の項「1.(2)経済と法の原理的関係」に対応しており、この項は「1.(1)社会的秩序のカテゴリー」のすぐ後に続いている。したがって、マックス・ヴェーバー自身のもともとの構想と構成においては、この「6章」の草稿は「1.(2)」として、直接に「1.(1)」、つまりカテゴリー論文のⅣ～Ⅶ節に結びついていたにちがいない。「6章」がカテゴリー論文のⅣ～Ⅶ節とつながっていた、ということは、この「6章」で、マックス・ヴェーバーに独自の理解社会学の基礎概念が、すでに規定された概念として、したがってここでは規定されることなく唐突に現れる、という事実によって証示される。そうした概念とは、初出の順に挙げると、〈ゲマインシャフト〉〈ゲマインシャフト行為〉〈秩序〉〈妥当〉〈諒解〉〈強制装置〉〈諒解ゲマインシャフト〉〈ゲゼルシャフト結成〉〈団体〉〈アンシュタルト〉である。これら基礎概念は、『経済と社会』「2部」の先行箇所ではなく、もっぱらカテゴリー論文のⅣ～Ⅶ節で定義されている。

だがマックス・ヴェーバーは、1913年にカテゴリー論文を雑誌『ロゴス Logos』に、独立した論文として発表している。そのさい彼は、項目「1.(1)」に対応する草稿部分を、カテゴリー論文のⅣ～Ⅶ節の初稿として利用するため、「旧稿」全体の束から抜き出したはずである。そして最終的に彼は、『ロゴス』誌の編集者に、ばあいによっては改訂された草稿部分を、カテゴリー論文の完成原稿の一部として送ったはずである。あるいはそうでなかったとしても、使われた草稿部分を、草稿束のもとの位置に戻すことなく切り離されたままにしておいたであろうことは、ほぼ確実である。

確かに初版の編者は、この事情をよく知っていたにちがいない。しかし彼女は初めから、「旧稿」を、1918年以降のマックス・ヴェーバーによる改訂方針に沿うかたちで、カテゴリー論文ではなく、「改訂された新稿」とつなげ、なんとしても体系的著作として編纂し、これを「著者の主著」として公刊しようとしたのである。そしてまさにこの「大きな」編纂計画のため、本来はきわめて当然のこと、つまり「旧稿」とその改訂版である「新稿」とのあいだに、多くの内容的な重複や反復がある、ということを憂慮しさえした[20]。この当たり前の重複が、みずからの「大」計画を損なうのではないか、とい

うことを彼女は心配したのである。彼女は、夫の「体系的な主著」を、自分の「大」計画に沿って、できるだけ早く公刊するという目的に鼓舞されていたので、いわば「小さな」計画を選び、書き下ろされた「旧稿」をカテゴリー論文のⅣ～Ⅶ節とつなげて「1911－13年草稿」に統合することなど、あまり重視しなかったのである[21]。

これらの客観的可能性のうち、どれがじっさいに実現されたにせよ、いずれにしても結果として、カテゴリー論文Ⅳ～Ⅶ節と「旧稿」の残りの部分との結合は、切断された。しかしいまとなっては幸運であったというべき不注意、つまり編者（そして第二次編者も）が、この切断から生まれた参照指示の「不整合」を見落としたという不注意のために、あるいはこれもまた幸運であったというべき誤解、つまり彼女（そして彼も）が、「不整合」を「新稿」、つまり「経済と社会」の「1部」と短絡的に結びつけることで解消できると信じたという誤解のために[22]、上記七つの前出参照指示はマックス・ヴェーバーの原草稿のままに、テキストの初版から第五版にいたるまで保存され、被指示叙述を欠く「不整合な」前出参照指示として残ったのである。

事例38だけは、「3部」の最後から2番目の「10章・カリスマの変形」（つまり旧稿末部）に現われるが、これも内容的に正確に対応する叙述を、「九九」と「法技術」の例まで含めて、ほかならぬカテゴリー論文Ⅶ節に見いだす。すなわちこれは、カテゴリー論文Ⅳ～Ⅶ節を、旧稿の冒頭部分のみでなく、『経済と社会』「2－3部」全体と結びつける、堅固な環をなしているのである。

VIII. 編者による脚注の扱い

「3章」を「2章」と取り違えている、事例10の誤った脚注、および「われわれにはよく知られた図式」を「知られていない図式」へと解消してしまっている事例40は、確かに初版の編者がうっかり犯した、たんに不注意な誤りである。しかし両例は、マックス・ヴェーバー自身による指示からわれわれ

を遠ざけ、もしくはわれわれを誤らせ、体系的解釈への鍵を失わせるものである[23]。

　事例10も確かに、ある種の「不整合な」参照指示である。しかしそれがまさに編者によって付けられた脚注に現われているという事実からは、また別の問題が生じる。全部で447例の参照指示には、二種類がある。ひとつは、この事例10のように、編者が特別に脚注をつけた参照指示である。もうひとつは、脚注を付けずそのままにしてある、残りの参照指示である。他方、テキスト自体には内容にかんして参照指示がないにもかかわらず、編者が独自の脚注を付けている箇所もある。

　したがって学問的な厳密さの試金石として、以下のことが問われるであろう。どこで、またどの範囲で、彼女は脚注を付けたのか、また彼女の脚注が包括的でないならば、いかなる基準にしたがって彼女は脚注を付けるべき参照指示や箇所を選んだのか。

　初版の編者は、全部で17例の参照指示に脚注を付けている。事例10以外には、458、609、615、616、637、652、688、690、694、738、739（3箇所）、756、787、804の各ページにそうした脚注が見られる。しかし17例というのは、全部で447ある参照指示のうちの3.6％にすぎない。脚注がこのように非常に少ないということは、つぎのような実情を確証している。つまり、マックス・ヴェーバーの原構想と構成に忠実にしたがった編纂に向けて、参照指示ネットワークのデータを十分利用し、同時に筋の通った体系的な解釈を読者に可能とすべく、マックス・ヴェーバーによるすべての参照指示を顧慮し、指示された全ての箇所も遺漏なく検索して示すという、学問的に厳密で、方法的 - 体系的な対処を、編者が怠っていたという実情である。

　しかし彼女がそうした徹底した検証を諦めたとしても、選択のための特定の統一基準はもたなければならなかったはずである。それにもかかわらず、彼女はあらかじめそうした基準を明確に提示していない。かりにじっさいに選ばれた参照指示から、後追い的に a posteriori　そうした基準を探してみても、それを見いだすことはできない。さらに被指示箇所の限定の度合いもさまざまであり（章から始まり、節、段落、そしてページまで）、統一性がな

く、恣意的である。編者が特別に独自の脚注を付けているのは、わずか五か所にすぎない (194、275、514、642、808 の各ページ)。さらにそうしたばあいにも、統一的な選択基準は提示もされなければ、事後的につきとめられもしないのである。

　要するに、脚注にかんしても、初版の編者による参照指示のとり扱いは、熟慮されたものではなかった、つまり確固たる原理も、統一的な基準ももたないものであった、といわざるをえないのである。

IX. 結論：テキストにおける参照指示の信憑性

　こうした多くの証拠から明らかなように、マリアンネ・ヴェーバーとメルヒオール・パリュイによる「旧稿」の参照指示の扱いは、方法的および体系的な徹底性に、つまり学問的な厳密性に欠けるものであった。したがって、原草稿の参照指示を自分たちの編纂に沿って体系的に書き替えることは、たとえ彼らがやろうとしても、不可能であったろう。彼らによって編纂された初版に 8.9％ の「不整合な」参照指示があるという事実が、なによりの証拠である。

　しかし彼らは、たとえ断片的にせよ、「旧稿」の参照指示にかんして、指示された箇所を見いだし、脚注を付けようと一度は考えた。そして、そうすることによって彼らは、その作業の困難さに直面したはずである。それは、全部で 634 ページにおよぶ大部のテキストに広範に散りばめられた、すべての参照指示を遺漏なく見つけ出すばかりでなく、634 ページのなかに含まれる被指示叙述をも残らず探し出し、マックス・ヴェーバー自身がつくり上げた参照指示のネットワークを再現する、という作業である[24]。そうであるとすれば、つまり彼女らによる参照指示の検証がまだ不十分であり、ネットワークそのものもまだ探し出されていない、という予感を彼女たちがなにほどかもったとすれば、それでもテキストに介入し、マックス・ヴェーバーの参照指示を恣意的に書き替える理由はなにもなかったであろう。

要するに、『経済と社会』初版の編者は、「旧稿」における参照指示を体系
的にも恣意的にも書き替えることはしなかった、と考えなければならない。
しかし、それにもかかわらず、「2－3部」のテキストには、40例（8.9%）の
「不整合な」参照指示がみられる。だが(a)型の六例を除いて、この事実は、上
述のような検討により、最初の編纂による意図されざる、そしておそらく気
づかれざる結果として、矛盾なく[25]理解しうるかたちで説明できる。つま
り、マックス・ヴェーバーによる原草稿の参照指示は、「1914年構成表」に沿
ったテキスト構成という前提の下でのみ、被指示箇所と正確に合致するもの
なのだが、ほとんどの「不整合な」参照指示は、そうした原草稿の参照指示
が、最初の編者によってテキストが並べ替えられたにもかかわらず、そこに
もとのままののかたちで取り入れられ、印刷されたことによって生じたので
ある。だとすれば、初版のテキストにおいて保存された個々の参照指示自体
は、マックス・ヴェーバーの原草稿にあったものと同じである、つまり依然
として信憑性をもっている、と結論づけることができることになる。

こうしてようやくわれわれは、マックス・ヴェーバーの著作『経済と社会』
の再構成へ向けて、「しっかりした地盤」[26]にたどり着いたわけである。

X. 応用：「都市」章の所属

もとよりここでは、このような基礎にもとづいて、「1911－13年草稿」全体
の内容的な再構成を行うことはできない。しかし信憑性を証明された前後参
照指示のネットワークが、つぎになされるべき再構成の試みにたいして、い
かに役立つかを、ひとつの例によって示したい。

「2－3部」全体にかんしてつねに問題となってきたことは、「2部」「7章・
都市」が本当にマックス・ヴェーバーの『綱要』寄稿に属しているのか否か、
ということである[27]。最初、マリアンネ・ヴェーバーはそれを、独立した論
文として『社会科学・社会政策雑誌』47巻（1920/21年）に発表した。そし
てその後、彼女はそれを『経済と社会』へと編入した。しかしその序文にお

いて彼女は、それが「自己完結的な論文」であると宣言せざるをえなかった。そのことは彼女にとって、不本意な譲歩であったにちがいない。なぜなら彼女は、みずからの編纂にさいして、上述のような「大」計画を目指していたからである。

　いずれにせよ、ひとたび参照指示のネットワークに依拠してみれば、彼女のいう「自己完結的な論文」が、逆にまさしくそのネットワークを通じて「1911-13年旧稿」の他の「諸章」と不可分に結びついていることが明らかとなる。

　一方で、上記の**表1**に示した参照指示33は、「3部」「7章・家産制」のなかにみられ、「都市在住門閥とポポロ・グラッソとの融合」というきわめて特殊な論点と結びついているものであるが、(1)その参照指示が指示する叙述は、「都市」のなかにのみ見いだされる。他方、これも前に示した、「都市」章に含まれる四つの参照指示(2) 21、(3) 22、(4) 23、(5) 25 についてみると、(2)は、名望家によって支配された都市行政、(3)は、戦士団としてのメンナーハウス（男子集会所）、(4)は、古代ポリスにおける祭司的勢力に対する政治的勢力の支配、(5)は、市民層の非軍事化の原因としての、余暇 Abkömmlichkeit の喪失と軍事技術の合理化、という特定の論点にかんするものであるが、それぞれの被指示叙述は、(2)は「3部」の「1章・支配」と「7章・家産制支配」のなかに、(3)は「3部」の「政治ゲマインシャフト」のなかに、また(4)は「2部」の「7章・法社会学」と「3部」の「7章」と「11章・国家と教権制」のなかに、そして(5)は「3部」の「7章」のなかに、つまりまさに「1911-13年旧稿」の他の諸「章」のなかに見出される。

　さらにこの「都市」章のなかには、全部で19例の前出参照指示と31例の後出参照指示がある（Orihara 1993: 141-144参照）。前者のうちの七例は、被指示箇所をこの章の外部にもつ。そしてこの七例のうちの四例（上記の(2)～(5)）が「不整合な」参照指示となっている。残りの三例（(6) WuG: 535 ページ4行目〔749ページ4行目＝世良訳、都市: 107〕、(7) WuG: 568 ページ下から12行目〔782ページ下から12行目＝世良訳、都市: 235〕、(8) WuG: 584 ページ下から8行目〔798ページ下から8行目＝世良訳、都市: 294〕）をみると、(6)は、ディンクゲノッセ

ンシャフト裁判、(7)は、ポリスにおける古法の残滓、(8)は、古代のエルガステリオン、という特定の論点についてのものであるが、対応する叙述は、それぞれまさに「旧稿」の他の諸「章」のなかに見いだされる。つまり(6)と(7)は「7章・法社会学」のなかに、(8)は「2部」の「2章7節・オイコスへの発展」のなかに被指示叙述を見いだすのである。他方、31例の後出参照指示のうち29例は、指示された叙述をこの「都市」章のなかにもっている。残りの二例のうちひとつは、上記の表1で示した事例24であるが、これは(a)型の、つまり内容的にみて対応する叙述が欠如している「不整合な」参照指示とみることができる。WuG: 544 ページ 2〜3 行目〔757 ページ 2-3 行目=世良訳、都市: 142〕のもう一例は、「門閥都市」を形成する名望家の独自性と関連したものである。そしてヴィンケルマンがこの後出参照指示を前出参照指示へと書き替えたにもかかわらず、内容的に対応する叙述は、この「都市」章の後続部分のなかに見いだされる (Orihara 1992: 29-31 参照)。

　要するに、この「都市」章は、自らの範囲を超えるいかなる後出参照指示ももっていない。他方、19例の前出参照指示のうちの七例については、「1914年構成表」にしたがって「都市」章をもとの場所へ戻しさえすれば、それぞれ内容的に対応する叙述は、先行する諸「章」のなかに見いだされる。こうした事実もまた、「都市」章が「自己完結的な論文」ではなく、まさに関連し合った全体の他「章」に開かれた一環として、書き下ろされた「1911-13年旧稿」の内部では最後の章をなしている、ということを示しているのである。

　注
1) たとえば、(1)「ゲマインシャフトの独占的閉鎖」にかんするネットワーク（下記の注23）あるいは、(2)「都市」章を「2-3部」の他の「諸」章と結びつけているネットワーク（下記 X. 節）を参照。
2) 例のうち六例は、すでにテンブルックによって指摘されている (1977: 712)。
3) くわしくは、折原 (1992: 9-35) 参照。
4) 本論考の冒頭に示した標語を参照 (Durkheim 1965: 140)。

5) 447 例の前出、後出、および他出参照指示とともに、90 例の「限定句」も含む、全部で 567 例におよぶ参照指示にかんしては、折原（1993：117-144）参照。
6) くわしくは、折原（1993：74-79）参照。
7) くわしくは、折原（1993：80-98）参照。たしかに、〔「中間考察」に〕続く論考である「ヒンドゥー教と仏教」には、いくつかの「被指示箇所のない参照指示」が見られる。たとえば、「〔古キリスト教にとっては〕われわれが後にみるように、あらゆる貴族的知性主義に反対することが、根本的に重要なことであった。」（Max Weber 1916/17：687 注 1〔GAzRS, Bd.2：251 Anm. 1＝深沢訳：323 注 1〕）といった記述、あるいは「すでにそれ自体として、われわれが後にみるように、〔イスラムの〕本質には初めから、修道士的禁欲にたいする反感が存在していた。」（ebd.：688〔GAzRS, Bd.2：252＝深沢訳：321-322〕）といった記述である。しかし最初の三つの論考のなかには、こうした種類の「不整合な」参照指示も見いだされない。これらふたつの「被指示箇所のない参照指示」からは、この一連の「経済倫理」が未完のままであったことのみでなく、マックス・ヴェーバーが 1916/17 年において、この一連の研究を古キリスト教とイスラム教にまで広げようとする計画を放棄していなかった、ということも分かる。
8) この書簡はヴィンケルマン（1986：36）他によって引用されている。
9) 「2-3 部」のなかでは、この前出参照指示に内容的に対応する、「禁欲に特有な逆説としての、意図せざる財産の蓄積」という命題は、ずっと後の「11 章・国家と教権制」に現われる。すなわち形式的には、この「不整合」は(b)型に属している。この「3 部・11 章」を、「2 部・6 章」の前に置き換えてみると、この「不整合」はいくぶんか緩和される。しかし「1914 年構成表」と、他の参照指示のネットワークにかんがみて、そのように思い切った「章」の置き換えは不可能である。マックス・ヴェーバーは、彼にとってなじみのある、つまりいつでも書き下ろせるものとしてあったこの内容を補完しようと企図したが、それは突然の死のために実現できなかった。実質的にみるとこの「不整合」は、そのことから生じたものであろう。そうであるならば、この「不整合な」参照指示はむしろ、(a)型に属するものと考えられよう（Orihara 1993：13-15 参照）。
10) この「不整合な」参照指示も、(b)型に属するものと解釈される。しかし筆者は、事例 6 と同様に、むしろそれを(a)型の一事例であると考える。その詳細な根拠については、折原（1993：31-33）を参照。
11) ヴィンケルマンはこの「1914 年構成表」を、時期を特定せずに unbestimmt「当初のプラン」と名付けている（1949）。シュルフターは「1914 年構成表（Disposition von 1914）」と呼んでいる（1991）。
12) テンブルックによって引用された（1977：732）、1919 年 10 月 27 日付、パウル・ジーベック宛マックス・ヴェーバー書簡を参照。
13) くわしくは、筆者による詳細な検証（Orihara 1993：19-20, 28-31, 33-35, 51-56, 64-

65) を参照。

14) 「規律によるカリスマの消失」という主題は、論理的に考えれば、カリスマそのものについての論及を前提とする。つまりこの断章の冒頭の「カリスマの運命は……」という記述は、カリスマについての先行する論及を引き継ぐ「承前句」となっている。さらに「1章・支配」と「6章・官僚制」は、前者の末部のつぎの「架橋句」によって、互いに密接に結びついている。「われわれはここでも、近代の「官僚制的」行政が示すような、われわれにとってもっともよく知られ、もっとも合理的な類型から出発する。」したがってこの「5章・正当性」が（そしてそれとともに2～4章も）、1章と6章のあいだに位置することはできない。こうした理由により、「マックス・ヴェーバーの論理的に厳密なテキスト構成」にいっそうよく適合するのは、(「5章」の) (1)～(8)段を、カリスマの消失ではなく、その変形された保持について論究している「10章・カリスマの変形」の後に置くということである (Orihara 1993: 35-43 参照)。

15) この(9)段は、カリスマの消失にではなく、「事象化された形式における」本質的に変形されたカリスマの保持について、とりわけそうした保持の「もっとも強い動機」に論及したものである。したがってこの段落は、なによりも「10章・カリスマの変形」の文脈に置かれるべきである。またマックス・ヴェーバーは「10章」において、カリスマの変形された保持を、大きく二段階に分けている。すなわち、まだ人格的な形式のなかでのカリスマの日常化という第一の段階（WuG: 762ページ8行目～771ページ下から11行目〔661ページ下から15行目～671ページ24行目＝世良訳、支配Ⅱ: 426-464〕）と、すでに事象化された形式における第二の段階（WuG: 771ページ下から10行目～778ページ〔671ページ25行目～679ページ下から19行目＝世良訳、支配Ⅱ: 465-497〕）とである。そしてこの(9)段を、この第二段階の2段目（WuG: 772ページ5行目〔671ページ下から16行目＝世良訳、支配Ⅱ: 466〕以下）に置いてみると、それはまさに第二段階への駆動力に論及していることによって、その位置価を回復することになる。同時に、〔上表1の〕前出参照指示27も、ここでふたたび（カリスマの）日常化一般の駆動力にかんする先行の説明（763ページ2～11行目〔662ページ下から21～11行目＝世良訳、支配Ⅱ: 428〕）を指示する、論理的に正確な参照指示として、内容的にも形式的にも「整合性」を回復することになる（Orihara 1993: 35-42 参照）。

16) この(10)～(12)段は、内容的にみると、「3部・9章・カリスマ制」の3節「カリスマ的王制」に続くものである。一方でこの3節は、諸侯とその従者たちによる「正当性」獲得への努力に言及した文脈のなかで中断している。他方(10)段は、次のような文章で始まっている。「支配者自身の正当性が、一義的な規則による世襲カリスマによって確定されない場合、支配者は他のカリスマ的勢力 Macht による正当化を必要とし、このことは通例、教権制的なかたちでのみ起こりうる。」〔680ページ6～8行目＝世良訳、支配Ⅱ, 498〕このようにして、ふたつの節は「架橋句および承前句」によって結びつけられる。また

「世襲カリスマ」への言及のされ方から、こうして結びつけられた新たな節が、「10章」11節での「世襲カリスマ」についての論究を前提とすること、つまりその後ろに置かれるものである、ということも分かる。

　そこでこの新たな節は、「11章・国家と教権制」の冒頭部を形成することになる。現存の初版（5版でも同様であるが）における「11章」の冒頭（5版では、2部9章7節の冒頭）は、唐突で意外な感を与えるものとなっている。「議会制における王の無力が、政党党首による支配の正当性の第一の基盤であるように、……」。しかしそれはあきらかに、最後の⑿段での、正当な「議院内閣首班」への言及を受けている。新たな節の冒頭（「諸制度のカリスマ的正当化のなかで、歴史的にみて特別に重要な場合を示すのは、政治的カリスマの正当化、すなわち王制の発展である。」〔676ページ1〜3行目＝世良訳、支配Ⅱ, 484〕）は、軍事的カリスマと呪術的カリスマとのあいだの、また戦争侯と祭司侯とのあいだの原生的 urwüchsig な二元性から出発し、政治的支配と教権制的支配とのあいだの歴史的緊張関係を論じている章の冒頭として、いっそう適合的である。両者の分岐、および問題をはらんだ共存について説明している新たな冒頭部は、「国家と教権制」章への適切な導入部となるものであり、「1914年構成表」の項目「8．(b)政治的および教権制的支配」に正確に対応する（Orihara 1993 : 35-42, 63-64, 67-68 参照）。

17)　7節でマックス・ヴェーバーは、「家産制的君侯が臣民の給付を確保するあり方」としての「ライトゥルギー（実物給付‐貢納）的」需要充足、およびそこから生ずる、連帯責任を負う強制団体への臣民のゲゼルシャフト結成について論じている。この文脈の終わり近くでは、その帰結として、ふたつの限界事例が挙げられている。ひとつは自立的な名望家行政であり、もうひとつは臣民の総体的な人的‐家産制的隷属である。このように両極的な可能性が示されたすぐ後に続くのが、「逆転した」前出参照指示 29 を含む一節である。「首長の独自な家産制的勢力状況と、とりわけ、場合によっては政治的臣民に対抗する上でも信頼できる、その家産制的軍事力が、技術的な面で発展すればするほど、ますます第二の類型……が貫徹されていく。多くの場合は当然、両者の中間にある。首長の、すなわち彼の家産制的軍隊の軍事力がもつ意義とあり方については、後で述べられるはずである。しかし軍隊とならんで、首長が自由にできる官吏的強制装置の発展の種類と度合いも、彼が臣民にたいして技術的に貫徹しえた要求の種類と程度を決定する上で、意義をもっていた。そしてつねに、首長が必要とするあらゆる勤務に、集団連帯責任によって保証されたライトゥルギーという形式をもたせることは、可能でもなかったし、……首長にとって目的に適ったものでもなかった。いかなる場合においても、彼は官吏層 Beamtentum を必要としたのである」（WuG : 692—693〔593ページ下から2行目〜594ページ12行目＝世良訳、支配Ⅰ : 188-189〕）。他方、5節はつぎのような文で始まっている。「君侯が、家産制外的な、つまり政治的な被支配者からいかなる給付を要求できるかは、彼らにたいする君侯の力、つまりその地位の威信と、その装置の遂

行能力とにかかっているが、しかしつねに大きく伝統に拘束されている。君侯が異例で新しい給付をあえて要求できるのは、とくに都合のよい条件の下でのみである。とくに、臣民の好意に依存することなく君侯が自由にできる軍隊が、彼の側にある場合である。そうした軍隊を構成するのは、1．家産制的に支配された奴隷、：現物受給者、あるいは被植民者……」（WuG：685-686〔586ページ下から7行目～587ページ2行目＝世良訳、支配Ⅰ：166-167〕）。家産制的軍隊の決疑論へのこのような導入部、とりわけ強調した箇所はまさに、上記の「架橋句」と内容的に対応する「承前句」としてみることができる。さらにマックス・ヴェーバーは、この導入部において、家産制的首長の、軍事力のみならず、威信と官吏装置にも依存し、同時に伝統にも大きく結びついた家産制的首長の勢力状況全体にたいする、軍隊の意義を相対化している。すなわち、その限定された決疑論が、6節「伝統の力による勢力状況」（WuG：689ページ24行目～690ページ〔590ページ25行目～591ページ＝世良訳、支配Ⅰ：174-177〕）における、家産制的首長の勢力状況と伝統被拘束性についての一般的論究の前に置かれることはありえない。その上マックス・ヴェーバーは、6節（WuG：689ページ下から13行目～12行目〔590ページ下から12～11行目＝世良訳、支配Ⅰ：175〕）において初めて「政治的臣民」の定義を行なっている。したがって、先行する決疑論1.がこの概念を、すでに定義されたものとして前提している、ということは、理解できないし、「教科書的」でもないことになる。

　こうした理由によって、5節は6節よりも後に、しかも、上記のような「架橋句」と「承前句」との対応にかんがみて、7節の後に、置かれねばならないことになる。しかしそのような置き換えを行うと、7節の終わりの「架橋句」（「いかなる場合においても、彼は官吏層を必要とした」）から、8節「家産制的官職と官吏」への結びつきが断たれてしまうことになる。さらに加えて、「それについては後で述べられるはずである」という言明によって、そのやや後の箇所で「述べられること」が期待される。そうすると、5節を8節の直後に置くのが、いっそうよいと思われる。この新たな位置づけは、さらにふたつの理由によって正当化される。一方で、8節はダッシュで終わっており、それによってここで、官吏についての叙述から軍隊についての叙述へと、滑らかで適切な移行がなされている。また他方、軍隊の「給養形式」から、9節の「家産制的官吏の給養」へとここで議論を移していくことは、内容的にみても適切である。

18）　この「7章・家産制」の構成は、以下のように要約できる。マックス・ヴェーバーは、支配の範囲拡大にともなう伝統的支配の分散的再組織化について論じており、その拡大というのは、純粋家父長制から始まって、家産制的支配を経て、家産国家的〔政治〕形象へといたる。そして首長の支配装置としての官吏組織と軍隊とが、決疑論的に論じられる。そこで彼は、官吏による官職の専有 Appropriation と、首長によるその奪回 Expropriation との対立に目を向けている。一方で、専有とステロ化の極限事例として封建制があり、他方で、例外的な場合、すなわち法律家の助けを借りた首長による奪回を通

して、家産制から近代的・合理的官僚制へと移行する場合の可能性がある。11節までの彼の議論は、力点が専有の方に置かれているが、12節では首長による対抗策についての議論へと転じている。12節の冒頭では、つぎのように述べられている。「首長は、非常に様々なやり方で、その支配の統一性を確実にしようとし、官吏やその後継者による官職の専有に対して、また<u>首長から独立して官吏の手中にある支配力 Herrschaftsgewalten</u> が、<u>他のあり方で成立すること</u>にたいして、支配の統一性を守ろうとする。」(WuG：704〔605ページ25―28行目＝世良訳、支配Ⅰ, 227〕) まさにこの「他のあり方」というのが、分散化のふたつの極限事例であり、13節の3段で論じられている、「ザトラピー (太守領)」と「分国君主 Teilfürsten」である。実際、この3段の内容は、1段「古代エジプト」や2段「中国」のように特定の「例」を示したものではなく、まさにふたつの極限事例を理念型的に概念構成したものとなっている。したがって、3段における例は、理念型の認識手段として、「中近東と東洋」だけではなく、日本や中国、分国君主時代ロシアの府首教座キエフ、またチンギス・ハーンの帝国などからも引かれている。

　そうすると、この3段を12節の直前に置いてみると、「7章・家産制」にかんして、マックス・ヴェーバーに特有の、首尾一貫したテキスト構成がえられることになる。そして14節は、13節の1段と2段の直後に続き、冒頭の「承前句」によってふたつの例と内容的に密接に結びつくことになる。「これ (家産制的首長がひとりの荘園領主として、他の荘園領主たちと並んで、あるいはその上に立っている状態) は、<u>中国や新王国以後のエジプト</u>には存在しなかったが、古代および中世の中近東における政治形象においては、すでに存在しており……」(WuG：713〔614ページ7-9行目＝世良訳、支配Ⅰ：255〕) (折原1993：47-51参照)。

19) くわしくは、折原 (1993：7-11, 12, 15-19, 65-67)。

20) この矛盾は、テンブルックによって初めて指摘された (1977：719-720)。

21) 再構成への筆者の企図は、つぎのようなものである。まず第一に、この「小さい」プランに沿って、「旧稿」を、「カテゴリー論文」のⅣ～Ⅶ節とともに、当時のマックス・ヴェーバーが抱いていた思想の、まちがいなくもっとも重要な表現である「1911-13年草稿」へと統合することである。そしてつぎに、1918年から「1920年改訂稿」にいたる根本的改訂を、1914年から1920年までのマックス・ヴェーバーの思考発展の流れのなかに正確に位置づけることである。

22) このような短絡的結合は、古い用語法で書かれた「2-3部」を、改訂され、まったく変更された用語法の「助け」を借りて「読む」という「逆立ち」を、読者に対して強いるものであり、否応なく読者を混乱と誤りへと陥らせるものである。それはまさに、「二部構成」神話のもっとも大きな弊害である。

23) 「独占への利害関心によるゲマインシャフトの閉鎖」という図式は、「1章2節」(WuG：183〔201＝厚東訳：532〕) で最初に導入され、つぎにさまざまな「ツンフト」

(WuG: 185 〔203＝厚東訳: 536-537〕)、「村落ゲマインデ」(WuG: 199〔217＝厚東訳: 563-564〕)、「種族ゲマインシャフト」(WuG: 216-217〔234-235＝中村訳: 67〕)、「婚姻」と「族内婚」(WuG: 217〔235＝中村訳: 68〕)、「人類学的類型」(WuG: 218〔236＝中村訳: 70〕)、さまざまな「身分」(WuG: 637〔537＝浜島訳: 232-233〕, 676〔577＝世良訳、支配Ⅰ: 137〕)、そして「世襲カリスマ的通婚圏」(WuG: 774〔674＝世良訳Ⅱ: 472〕) などの形成との関連で示され、それぞれの方向で展開されている（くわしくは、折原 1993: 69-73）。マックス・ヴェーバー自身が、そのように縦横に張り巡らした参照指示のネットワークを通して「知られた」ものにしようとした、まさにその図式が、最初の編者によって「知られていない図式」へと変えられ、第二次編者によっても認識も説明もされなかった（『経済と社会』第5版への『注釈巻』258ページ参照）。このエピソードが語るのは、マックス・ヴェーバーの「主著」が編者によってさえ、正確に読まれていなかった、という実情である。マックス・ヴェーバーの他に誰が、そのように広範かつ正確なテキストを書くことができたであろうか。

24) ヴィンケルマンは、ボンフィック助手にこの作業を任せ、その成果を彼自身の本の付録として発表するつもりであった、と書いている（1986: XII）。そうだとすれば、彼はみずからその作業に携わり、その困難を経験することもなかったのである。

25) 解決できない唯一の事例 18 を除いて。

26) 上記の注4参照。

27) テンブルック（1977: とりわけ729）、シュルフター（1993: とりわけ633）など参照。

訳注1. 邦訳では、〔1936〕1980 尾高邦雄訳『職業としての学問』、岩波書店: 22。
訳注2. 文献表の宮島訳: 118 。
訳注3. 本論文発表後、著者によって、41番目の不整合参照指示が発見されている。これについては、本論文中の表1下部参照。また、これも含めた参照指示一覧は、折原 1996『ヴェーバー「経済と社会」の再構成——トルソの頭』、東京大学出版会: 301-319（41番目の不整合参照指示は、Nr. 368.）を参照。またその不整合の内容については、同書: 72-74 参照。

文献

Durkheim, Émile, 〔1895〕1965: *Die Regeln der soziologischen Methode*, 2. Aufl., hg. von René König. Neuwied/Berlin: Hermann Luchterhand. 宮島喬訳、1978:『社会学的方法の規準』、岩波書店

Orihara, Hiroshi, 1986:「『二部構成』神話の終焉」、東京大学教養学部社会科学科編『社会科

学紀要』36：1-92.

Orihara, Hiroshi, 1992 : Über den „Abschied" hinaus zu einer Rekonstruktion von Max Webers Werk : „Wirtschaft und Gesellschaft", 1.Teil, Vorbemerkung und I. Eine kritische Untersuchung der von Johannes Winckelmann umgeschriebenen Voraus- und Zurückverweisungen im Text des „2. Teils", *Working Paper*, Nr. 30, hg. von : The Department of Social and International Relations, University of Tokyo, Tokio.

Orihara, Hiroshi, 1993 : Op. cit., 2. Teil, II. Das Authentizitätsproblem der Voraus- und Zurückverweisungen im Text des „2. und 3. Teils" der 1. Auflage als eine Vorfrage zur Rekonstruktion des „Manuskripts 1911-1913", *Working Paper*, Nr. 36, Tokio.

Schluchter, Wolfgang, 〔1988〕1991 : »Wirtschaft und Gesellschaft«―Das Ende eines Mythos, in : Ders.: *Religion und Lebensführung*, Bd. 2, 597-634.〔邦訳あり。「はじめに」文献表参照。〕

Tenbruck, Friedrich H., 1977 : Abschied von „Wirtschaft und Gesellschaft", *Zeitschrift für die gesamte Staatswissenschat* 133 : 703-736.〔邦訳あり。「はじめに」文献表参照。〕

Weber, Marianne, 1948 : *Lebenserinnerungen*, Bremen : Johs. Storm.

Weber, Max, 1914 : *Grundriß der Sozialökonomik*, Abt. I, bearbeitet von Max Weber u. a., Tübingen : J. C. B. Mohr（Paul Siebeck）.

Weber, Max, 1915 : Wirtschaftsethik der Weltreligionen, Einleitung, Konfuzianismus und Zwischenbetrachtung, *Archiv für Sozialwissenschaft und Sozialpolitik* 41 : 1-87, 335-421.

Weber, Max, 1916/17 : Op. cit., Hinduismus und Buddismus（Schluß）, *ebd.* 42 : 687-814.

Weber, Max, 1922 : *Wirtschaft und Gesellschaft*, 1. Aufl., hg. von Marianne Weber, Tübingen : J. C. B. Mohr（Paul Siebeck）.

Weber, Max, 1960 : *Rechtssoziologie*, hg. von Johannes Winckelmann, Neuwied/Berlin/Darmstadt : Hermann Luchterhand.

Weber, Max, 〔1922〕1988 : *Gesammelte Aufsätze zur Wissenschaftslehre*, Tübingen : J. C. B. Mohr（Paul Siebeck）.

Weiss, Johannes, 1988 : Literaturbesprechungen, *Kölner Zeitschrift für Soziologie und Sozialpsychologie* 40 : 570-574.

Winckelmann, Johannes, 1949 : Max Webers opus posthumum, *Zeitschrift für die gesamte Staatswissenschaft* 105 : 368-387.

Winckelmann, Johannes, 1972 : Vorwort zur fünften Auflage, S. XI-XXIV in : Max Weber : *Wirtschaft und Gesellschaft*, 5. Aufl., Tubingen : J. C. B. Mohr（Paul Siebeck）.

Winckelmann, Johannes, 1986 : *Max Webers hinterlassenes Hauptwerk: Die Wirtschaft und die gesellschaftlichen Ordnungen und Mächte, Entstehung und gedanklicher Aufbau*, Tübingen : J. C. B. Mohr（Paul Siebeck）.

2

マックス・ヴェーバーの『社会経済学綱要』寄稿
――編纂問題と編纂戦略――

ヴォルフガング・シュルフター 著／山口 宏 訳

要約：『経済と社会』という表題で世界的に知られるようになったマックス・ヴェーバーの著作は、編纂上困難な問題をもたらしている。マリアンネ・ヴェーバーとヨハンネス・ヴィンケルマンによるこれまでの編纂は、誤りであることが証明できるか、あるいは非常に疑わしい想定にもとづいている。本稿では、マックス・ヴェーバーによる『社会経済学綱要』への寄稿が、二部からなる一書ではなく、また『経済と社会』というタイトルにも問題がある、ということが示される。そこではむしろひとつのプロジェクトが問題なのであり、それはマックス・ヴェーバーが1910年以来携わり、それぞれ異なった結果をともなう三つの執筆時期において実現されたものである。本稿では、この過程がいかに進行したか、またマックス・ヴェーバーの『綱要』寄稿について、いかなる編纂がそこから帰結するか、が示されるであろう。

I. 出発点となる状況と、先行の編纂

　マックス・ヴェーバーが1920年6月14日に死去したとき、彼のふたつの大きなプロジェクトが印刷に付されていた。それは彼が1910年以来徐々に構想を練り、集中の度合いは変わりつつも携わり続けてきたものであった。ひとつは四巻として計画された『宗教社会学論集』であり、もうひとつはいくつかの分冊で刊行されることになっていた、『社会経済学綱要』への寄稿である。『宗教社会学論集』の四巻のうち、彼は最初の巻をようやく出版できるようにし、組版の校正を済ませていた。『社会経済学綱要』への寄稿については、四つの章をもつ最初の分冊が組版に回され、おそらく同様に彼によって校正が済まされていた。1章：社会学の基礎概念、2章：経済行為の社会学的基礎カテゴリー、3章：支配の諸類型、4章：身分と階級、という構成である。そのあとにつづく章については、構成表さえ欠けている[1]。マックス・ヴェーバーの死から第一分冊の公刊までには月日が経っており、印刷の経緯にかんする証拠はえられないため、他の者の手が原稿に加えられたかどうかを、もはや突き止めることはできない。しかしマックス・ヴェーバーがこの第一分冊のテキストを1919年以降、より古い草稿に基づいて新しく書き換えたことは確かである。1919年10月27日、彼はふたつのプロジェクトにかんして契約を結ぶことを促した出版者のパウル・ジーベックに、『綱要』寄稿に関連して、つぎのように伝えている。「浩瀚な旧稿 das alte dicke Manuskript は全く根本的に書き換えられなくてはならず、ちょうどいま私はその仕事に携わっています（というよりもむしろ「携わっていました」）。」また、その改訂稿については分冊で刊行したい、とも書かれている。分冊刊行をマックス・ヴェーバーが望んだのは、この根本的な書き換えにはまだ多大な時間を要すると考えたからであろう。そしてさらに興味深い付け加えがつづく。「もちろん内容一覧をそちらに送ることができます。この本は元稿よりも簡潔にまとめられ、厳格に教科書的なものになります。しかしそれは包括的な

もの（浩瀚な巻）です。」[2] この内容一覧はもちろん、もはや「浩瀚な旧稿」のそれと同じではないが、それは残されていない。また、マックス・ヴェーバーは、死去の時点までに根本的な書き換えを終えるにはいたらなかった。そのためさしあたっては第一分冊に止まらざるをえなかったわけである。出版者は、1919年12月5日に「叢書：社会経済学綱要の共同編集について」マックス・ヴェーバーと契約を結び、それぞれ7～10印刷全紙分の分冊で『綱要』寄稿を出版していくことに同意していたが、この事態に直面して途方に暮れてしまった[3]。

つまりマックス・ヴェーバーは1919年に「浩瀚な旧稿」を根本的に書き換え、圧縮し、いっそう教科書風に仕上げる作業を始めた。だがその「浩瀚な旧稿」とは、いったいどんな草稿であろうか。それは疑いなく、ひとつの草稿ではなく、いくつかの草稿である。いっそう正確にいえば、彼が担当した『社会経済学綱要』のために、第一次世界大戦勃発前に書かれ、遅くとも1915年の春には、この共同労作の1篇の「経済と社会」と題された3部のなかで、「経済と社会的秩序ならびに（社会的）勢力」という寄稿タイトルで公刊しようとしていた草稿〔複数〕であり、そのさいその草稿〔単数〕は1914年10月中には組版に回されるはずであった。しかしそれは、戦争の勃発のために実現されなかった。マックス・ヴェーバーは書斎を去り、ハイデルベルクの野戦病院で軍の顧問として雇われた。そして学問研究の時間をじっさい上彼から奪っていた約一年の任務を終えて自由になると、『綱要』寄稿ではなく、世界宗教の経済倫理にかんするスケッチを『社会科学・社会政策雑誌』に発表し始めた。それはやがて『宗教社会学論集』にまとめられるものである。このスケッチの一部は、1913年に書き下ろされていたが、それを彼は『雑誌』への発表のために書き換えており、また他の部分は、新たに起草され、『論集』のために執筆が続けられていた (Schluchter 1988a)。その間『綱要』のための草稿は、書斎に放置されたままであった。1918年の夏、彼はその一部を、ヴィーンでの客員講義のためにふたたび取り上げた。宗教社会学と支配の社会学も、講義の土台とされた。しかし旧稿の根本的な書き換えは、ミュンヘン大学でL・ブレンターノの後任となったあと、1919年にようやく着手された。

だが講義の準備が明らかに今回も草稿に役立ったとはいえ[4]、この〔改訂‐執筆〕計画は、今度は時間をとられ労力も要する教育職務にぶつかって阻害されたわけである。前述の手紙に彼は、講義にはとても疲れ、「持続的な研究の進捗」を妨げられている、クリスマスになれば、ふたたび「研究に打ち込める」、と書いている。つまり根本的な書き換えは、マックス・ヴェーバーがみずから語るとおり、遅々として進まなかった。その到達点を知るには、二異稿のかたちで与えられている支配の社会学と、1913年のカテゴリー論文を原案とみなせる「社会学の基礎概念」を研究してみるとよい。

マリアンネ・ヴェーバーがマックス・ヴェーバーの死後に遺稿をより分けていたとき、彼女は複数の原稿のかたちで「浩瀚な旧稿」をみつけた。その状態と配列については、この上なく不備であると彼女は伝えている[5]。しかしわれわれは彼女が、以後に重大な影響をもった、つぎの三つの決定をくだしたことを知っている。それは以後50年以上にもわたって、マックス・ヴェーバーの『綱要』寄稿の編纂と、さらにはその受容をも決定づけてきたものである。1．当初に動揺はあったものの、彼女は無視しうるわずかな例外を除いて、すべての草稿が、マックス・ヴェーバーが荘重に語った「浩瀚な旧稿」に属すると想定した[6]。2．彼女はこれらの草稿が第一分冊テキストの続きであると考えた。しかも第一分冊のテキストは、未だ完全ではないにせよ、体系的な社会学的概念論、すなわち抽象的社会学であり、他方旧稿には「〔そうした概念が〕世界史的な事象系列、制度編制、および発展に貫徹された叙述」、すなわち具体的社会学が見いだされる、と考えた[7]。3．彼女はタイトルを『経済と社会』と決定した。第一分冊の表紙には、「社会経済学綱要、III部：経済と社会、I：経済と社会的秩序ならびに（社会的）勢力。マックス・ヴェーバー著。第一部。」とあり、また1914年にはマックス・ヴェーバーの寄稿は「経済と社会的秩序ならびに（社会的）勢力」と名づけられていたにもかかわらず。つまりマリアンネ・ヴェーバーにとって、『綱要』へのマックス・ヴェーバーの寄稿は、ふたつの部分、すなわち抽象的部分と具体的部分からなるひとつの書であり、『経済と社会』という表題が冠せられるべきものであった。

ヨハンネス・ヴィンケルマンは、第二次世界大戦後、やがてマリアンネ・ヴェーバーの死後、自他ともにマックス・ヴェーバー著作の管財人と認められたが、それでも彼は、マリアンネ・ヴェーバー編纂を細かい点では批判したものの、編纂上の基本的決定は、これを引き継いだ。彼の批判はとりわけ、「浩瀚な旧稿」の再構成に向けられた。しかし彼もまた、つぎの前提から出発している。それは、遺稿のなかに見つかった草稿は最終的には「浩瀚な旧稿」に属するということ、また『綱要』寄稿は目標としても結果としても二部構成を示していること、そして『経済と社会』がマックス・ヴェーバーによって権威づけられたタイトルであること、である。そして彼は、マリアンネ・ヴェーバーとは反対に、彼女の編纂では旧稿の失われた「統一」といわれているものを、マックス・ヴェーバーが1914年に「〔叢書〕全巻の構成」のなかで、彼自身の寄稿分として公表した内容一覧を導きの糸として再現しようとした。そのために彼は、マリアンネ・ヴェーバーが彼女の『経済と社会』2版からは外した遺稿テキストも新たに統合し、そして彼が感得した内的整合性と一貫性のために、テキスト内の一連の参照指示を書き替えることまでしたのである。編纂上のこの手続きは、もちろん容認できない。しかしその結果、二部構成テーゼ、すなわち抽象的部分と具体的部分、新しい部分と古い部分、という二部構成テーゼが固定化された。学問上の公の議論においては、これをもって決定的に、マックス・ヴェーバーの『綱要』寄稿は二部からなる一書で、タイトルは『経済と社会』である、と確定してしまうかに見えた。

あらゆる翻訳者もまた、マリアンネ・ヴェーバーによって基礎づけられ、ヨハンネス・ヴィンケルマンによって補強された編纂にしたがった。テキストの編成とその配列、著作の二部構成、そしてタイトルにたいして、誰も疑いを表明しなかった。何代にもわたる受容者にとって、マックス・ヴェーバーの『綱要』寄稿が『経済と社会』という名であり、彼によって二部からなる一書として構想されていた、ということは異論の余地のないことであった。しかし最近20年の研究は、これほど疑わしいことはない、ということを示してきた！　マリアンネ・ヴェーバーとヨハンネス・ヴィンケルマンによる編纂方針が依拠している決定はすべて、問題をはらんでおり、部分的には誤り

であることが証明できる。それは、F・テンブルック、折原浩、そして私自身によって示されてきた[8]。この三者が、従来の編纂方針にたいする批判からそれぞれ異なる帰結を引き出しているとしても、つぎのことは確実とみなされている。それは、遺稿のなかに見つかった草稿が無差別に「浩瀚な旧稿」に統合された構成部分をなしているわけではなく、またマックス・ヴェーバーは『綱要』寄稿にかんして、マリアンネ・ヴェーバーとヨハンネス・ヴィンケルマンによって彼に帰されている二部構成にしたがってはおらず、さらに1913/14年と1919/20年の草稿については、『経済と社会』というタイトルも、著者自身に由来する信憑性をもたない、ということである。むしろマックス・ヴェーバーの『綱要』寄稿は「経済と社会的秩序ならびに（社会的）勢力」というタイトルのもとにふたつの草稿として遺されており、どのテキストが1913/14年の旧稿にすでに統合された構成部分であったのか、つまり遺稿テキストをどのように配置すべきかということは、決して自明ではない。この認識は、当然のことながら全集版にとっても規準となるものであり、ここで簡潔に説明しておく必要がある。そのためにまず、『社会経済学綱要』の成立史、つぎにそれへのマックス・ヴェーバーの寄稿、さらに旧稿のテキスト配列、そして最後にタイトルの問題を扱うことにする。

II. 『政治経済学ハンドブック』から『社会経済学綱要』へ

ドイツ語圏の国民経済学は、19世紀の終わり頃には、顕著な躍進をみせた。歴史学派の若い研究者たちは、方法意識の面でも、対象とする範囲の拡大においても、古い世代を上回っていた。理論学派においては、古い客観的価値学説を押し退けた、主観的価値学説が支配的となった。もっとも、客観的価値学説は、主にマルクス派の著述家のあいだではまだ生き延びていたが。そして方法論争として知られる、歴史的研究方向と理論的方針の論争は、当該学問分野の発展にとって特別な駆動因をなした。国民経済学の知見は教科書やハンドブックに編まれたが、それらはどんどん古びたものとなっていっ

た。

　世紀の転換期には、おびただしい数にのぼる教科書やハンドブックが出回り[9]、多くのばあい増補されながら版を重ねていた。そのうちのひとつがグスタフ・シェーンベルクによるものであり、1882年に J. C. B. モール（パウル・ジーベック）社から初版が出ている。この『政治経済学ハンドブック』は、彼がドイツ語圏の多くの国民経済学者の協力をえて編集したものだが、1896年から1898年のあいだにすでに四版を重ねていた。それは間違いなく成功であった。しかし出版者は、その本はもはや最新の状況には対応しないと考えていた。そこでパウル・ジーベックは、マックス・ヴェーバーに、当のハンドブックの根本的な改作を依頼しようとした。というのも、パウル・ジーベックは、その仕事がグスタフ・シェーンベルクにはもう明らかに無理と考えたからである。ジーベックはすでに1905年に、ヴェーバーへの打診を始めている。

　パウル・ジーベックによる依頼の受諾を、マックス・ヴェーバーは永らくためらった。グスタフ・シェーンベルクの死後になってようやく、彼は以前よりも本腰を入れてその仕事にとり組んだ。1909年の春、彼はハンドブックの構成と可能な共同執筆者について、いっそう具体的に考え始めた。1909年5月23日付パウル・ジーベック宛書簡で、彼はつぎのように述べている。「ヴィーザーに宛てて手紙を書く[訳注]前に、できればもう一度貴殿と話し、その手紙にある構想についても説明したいと思います。そこであらかじめ私が暫定的に作成した、題材分担案をお送りします。またその他の共同執筆者についても貴殿と相談したいと思います。」[10] 題材分担が固まり、もっとも重要な共同執筆者がえられるまでには、約一年かかった。1910年5月23日には、印刷された題材分担案が、緒言を添えて共同執筆者に送られた[11]。

　マックス・ヴェーバーによって計画された『政治経済学ハンドブック』、後の『社会経済学綱要』の成立史についてここで詳しく述べることはできないが、そこからは四つの点が浮かび上がってくる。1. 題材分担案は、マックス・ヴェーバーにとり、1910年に送付されたものでさえも暫定的であった。2. 彼は協力をえられた共同執筆者、とりわけおそらくもっとも重要な理論的

寄稿を予定されたフリードリッヒ・フォン・ヴィーザーに、草稿の内部構成や執筆にかんして、ほとんど完全な自由を与えた[12]。3. 彼はみずからを編集主幹、あるいは編集幹部とさえ見なさなかった。むしろ彼は「すべての執筆者の〔共著という〕集団的呼称」を選び、みずからはたんに「編集員」もしくは「編集担当」として立ち働いた[13]。4. このプロジェクトの実現にあたって決め手となる相談相手は、彼にとってはパウル・ジーベックであり、ジーベックは共同執筆者の選択にも影響を与えた。

　パウル・ジーベックの特別の役割は、タイトルの変遷にも示されている。マックス・ヴェーバーは、1909年7月31日付の書簡で「ジーベック政治経済学ハンドブック」[14] というタイトル、1909年8月20日付の書簡では「ジーベック社会経済学（やむをえないばあいは政治経済学）ハンドブック」[15] というタイトルを提案している。彼はまた「シェーンベルク代行」ということもいっている。彼はタイトル問題にかんしては、確定した考えをもっていなかった。1910年に取り決められた「政治経済学ハンドブック」の代わりに、1914年の刊行開始にあたって、最終的に「社会経済学綱要」が選ばれたのは、マックス・ヴェーバーよりもむしろパウル・ジーベックの希望によってであったように思われる。そのようにしてジーベックは、シェーンベルクの相続人を寄せつけないようにしたのである。さらにひとつの注目すべき点に触れないわけにはいかない。それは、パウル・ジーベックが共同執筆者たちと結んだ出版契約にかかわることである。マックス・ヴェーバーは、すでに1909年の秋にそうした出版契約を交わすことを勧めている[16]。最初の案は明らかに1909年10月23日に提示されている。1910年2月15日には「二巻本の叢書：政治経済学ハンドブックの共同編集について」の出版契約案ができ上がり[17]、1910年5月23日の日付で署名された。しかしこの契約はそれ以降、店晒しにされ、おそらく1914年の初夏には、新たな契約に取って代わられた。カール・ビュッヒャーやヨーゼフ・シュムペーターとの契約が残されているが、そこには確かに1910年5月23日の日付がある。しかしタイトルは「政治経済学ハンドブック」ではなく「社会経済学綱要」であり、全体の寄稿配置については、1910年の「題材分担案」ではなく、1914年の「全

巻の構成」が使われている。万事が思い違いではなければ、シェーンベルク編ハンドブックの続篇ではないかという疑いを呼び起こすような外観を払拭し、そこから生じかねない訴訟を避けるために、初回配本分の印刷の少し前に古い契約が書き換えられたが、日付は更新されなかったということである[18]。

そういうわけでマックス・ヴェーバーは、諸寄稿内部の細かな構成にも、叢書のタイトルにも、決定的な影響は与えなかった。したがって、この叢書に彼が新たな国民経済学もしくは社会科学についての彼の構想を実現した、と考えるのは誤りである。しかし彼は企画を成功させ、自分でも従来の水準を一新する寄稿をなすことに責任を感じていた。それゆえに彼は、他の執筆者の出来の悪い寄稿を調整しようとしたのである。しかし中心はなんといっても、ひとつの「社会学」を仕上げることにあった。時が経つにつれて、彼は暫定的に自分に予定していた諸寄稿は他の執筆者に譲り、「題材分担案」ではまだ「経済と社会」というタイトルでとり上げていた寄稿へと、いよいよ集中していった。そしてそこから、彼が1919年のパウル・ジーベック宛書簡で言及している「浩瀚な旧稿」が生まれたのである。

III. マックス・ヴェーバーによる『社会経済学綱要』への寄稿
―― 1910年5月から1914年8月までの発展

だがこの寄稿はいかに発展していったのか。使える情報は乏しく、書簡のやり取りもそれほど役立たない。そこでわれわれは推測に依拠した。それは外的連関と内的連関に関わっている。まずは外的連関に目を向けることにしよう。

マックス・ヴェーバーの『綱要』寄稿には、1910年5月から1914年秋までに、三つの構成表がある。1910年の「題材分担案」と、1914年の「全巻の構成」、そして包括的な社会学的討究、すなわち「まとまった理論と叙述」の存在が示されている、1913年12月30日付のパウル・ジーベック宛書簡である。「題材分担案」では、すでに述べたように、この寄稿にはまだ「経済と社

会」の表題がつけられていた。しかし「全巻の構成」ではこれが変わっている。マックス・ヴェーバーは「経済と社会」を部のタイトルとし、彼の寄稿には「経済と社会的秩序ならびに（社会的）勢力」という表題をつけている。また自分の寄稿にたいして、「社会学」という概念もますます頻繁に使うようになっている。彼は1913年12月30日付の書簡で、社会学的な国家・支配理論および、救済論と宗教倫理の社会学について述べている。また同じ年には論文「理解社会学のいくつかのカテゴリーについて」が発表されている。この論文では、『綱要』寄稿で使われるいくつかの社会学的カテゴリーが展開されている。すべてのことが、包括的な社会学の完成を示唆している。1914年8月6日、つまり第一次世界大戦の勃発直後に発行された『社会科学・社会政策雑誌』7月号には、つぎのような予告まで出されている。それは『社会経済学綱要』「経済と社会」部にかんして、以下のような構成を予示するものである。「第3部：社会学、マックス・ヴェーバー担当。経済的・社会政策的システムおよび理念の展開行程、E. v. フィリポウィッチ担当。」そして「1914年末出版」と付記されている。

　そこで、三つの構成表を並べて、部分的には変えられ、部分的には拡充された構成項目が、いかに新旧のテキストと結びつくのかについての推察をそこに重ねてみよう（**表1参照**）。

　ここから何が帰結するだろうか。まずは、「浩瀚な旧稿」が独自の社会学的基礎概念を有していることである。その基礎概念は、マックス・ヴェーバーが1919/20年に新たな草稿のために書いたものと同一ではない。マリアンネ・ヴェーバーとヨハンネス・ヴィンケルマンがなぜ、1919/20年の草稿が、旧稿に適用される諸概念を含んでいたと主張できたのか、振り返ってみるとほとんど理解しがたい。ヨハンネス・ヴィンケルマンはさらに、旧稿における前出参照指示を、1919/20年の「社会学の基礎概念」へと「歪曲してつなげる umleiten」ことまでおこなった。旧稿の概念的独立性ほど、マリアンネ・ヴェーバーとヨハンネス・ヴィンケルマンの二部構成テーゼを覆す決定的論駁はない。とりわけ折原浩が示しているように、マックス・ヴェーバーは旧稿において、カテゴリー論文の概念を用いたのであり、1919/20年の「社会学

表1. マックス・ヴェーバーによる構成の対照 (1910～1914年)

注釈	経済と社会「題材分担案」1910年	経済と社会 パウル・ジーベック宛書簡 1913年12月30日	経済と社会的秩序ならびに(社会的)勢力「全巻の構成」1914年	注釈
未改訂の旧稿				改訂、もしくは新稿
カテゴリー論文Ⅳ—Ⅶ	(a)経済と法 1. 原理的関係	大きなゲマインシャフト形式にたいする経済の関係	1. 社会的秩序のカテゴリー 経済と法の原理的関係 団体の経済的関係一般	新たに書かれる
法秩序と経済秩序 慣習律および習俗 経済にたいして法強制がもつ意義と限界 (法社会学)	2. 今日の状態にいたる発展の諸時期 (b)経済と社会集団 家族およびゲマインデ団体 身分と階級 国家	家族と家ゲマインシャフト 経営 氏族 種族的ゲマインシャフト	2. 家ゲマインシャフト、オイコスおよび経営 3. 近隣、氏族、ゲマインデ 4. 種族的ゲマインシャフト関係	より古い草稿にもとづいて新たに書かれる (ビュッヒャーへの応答として)
(宗教社会学1—6節?)	(c)経済と文化	宗教 (救済教説と宗教倫理の社会学)	5. 宗教的ゲマインシャフト 宗教の階級的被制約性 文化宗教と経済志操 6. 市場ゲマインシャフト形成 7. 政治団体 法の発展条件 身分、階級、党派 国民	宗教社会学7節 宗教社会学8—12節 古い? 古い? 旧稿にもとづいて新たに書かれ、支配の理論と嚙み合わされる 古い?
		国家および支配の社会学説	8. 支配	古い

の基礎概念」の概念を用いたのではない。後者の概念は、マックス・ヴェーバーが戦争勃発とともに机の引出しにしまいこんだ旧稿には、まったく現われないのである!

それと同時に、旧稿を全体として見わたしてみると、1913/14年の構成表は、1909/10年の構成表と比べて、たんにきわめて多くの点で異なっているばかりでなく、強調点が移動していることも分かる。法は、最初に与えられた中心的位置から退き、発展史的観点のもとで、政治団体に包摂されている。マックス・ヴェーバーは、全体としていっそうはっきりと様々なゲマインシャフトに沿って思考を進めている。それは家ゲマインシャフトから政治ゲマインシャフトにおよび、そこには、対抗原理が制度化される市場ゲマインシャフトも含められている。そして叙述は、全体のクライマックスとしての支配理論にいたる。というのは、支配理論は同時に、構造形式の分析が発展形式の分析につらなる場ともなっているからである。支配については、1909/10年の構成表ではまだまったく言及されていない。マックス・ヴェーバーの支配の社会学は、『綱要』寄稿にかかわる研究からの一成果であった。それは、以前にはまだ存在していなかったのである。少なからず、彼自身もそこに、『綱要』寄稿のもつ新しさがあると考えていた。1913年12月30日付の書簡では、ほかならぬ包括的で社会学的な国家・支配理論について、つぎのようにいわれている。「これには類例もありませんし、『範例 Vorbild』もないといってよいかと思います。」

ここでわれわれはすでに、内的連関の問題に入っている。マリアンネ・ヴェーバーが「浩瀚な旧稿」として数えた草稿は、戦争勃発時には、けっしてまだ完全に統合されていなかった。マックス・ヴェーバーは1910年から1914年にかけて『綱要』寄稿を仕上げるにあたり、ふたつの準備段階 Anlauf をとっていたように思われる。ひとつは秩序概念が、そしてもうひとつはゲマインシャフトおよび団体概念が、それぞれ組織的原理 organisierendes Prinzip へと高められている準備段階である。ふたつの準備段階の関係は、解明し尽くされてはいないと思われる。その関係が説得的に示されるには、1919/20年の「社会学の基礎概念」を待たなければならない。そこでは行為、

社会的行為、社会関係、秩序、団体といった概念系列が、草稿の頭として一貫して展開されている。しかしなによりもマックス・ヴェーバーは、1914年8月にはまだ、ふたつの執筆時期のテキストを断絶なくつなぎ合わせるという課題を果たし終えてはいない。そこでそれらを後から配列しようとすると、いつも矛盾やすき間が生じてくるのである。

IV. 旧稿のテキスト配列

　ここからは、いかにわれわれが「浩瀚な旧稿」を再構成すべきか、という方法にかんする帰結がみちびかれる。1910年から1914年にかけての間、マックス・ヴェーバーには、『綱要』寄稿にかんして明らかにある展開があった。それは、彼が歴史家から社会学者になったということではなく、彼が社会学者として、みずからの理論構築を、歴史的なものを例証として用いて幾重にも試みたことに示されている。それは、一方ではルードルフ・シュタムラーを批判的に乗り越えるためであり、他方では彼の理解社会学を基礎づけるためであった。ふたつの準備段階はもちろん重なりあって進んだ。しかし二段階では強調点が異なっているため、旧稿がそれはそれとして、ふたつの草稿から成っていたのではないか、という問題が生じてくる。
　ここで問題をいっそう明確にするために、ひとつのヒントから始めたい。出版者が「題材分担案」を送る前に、マックス・ヴェーバーは彼に興味深い書簡を寄せている。そこにはつぎのようにある。「私は他日、論理と方法論〔にかんする寄稿〕を私に免除してくださるよう、貴殿に申し入れることになると思います。あるいはハンドブックの購読者のために、もっぱら特価の別刷パンフレットとして印刷するというかたちです。それは事象についての項目に紙幅を確保するためです。方法論は「科学についての科学」であり、本来ここに属すものではありません。」[19)]「題材分担案」には「問題設定の目的と論理的性質」という寄稿が予定されており、それをマックス・ヴェーバーは起草するつもりでいた。上記の書簡は、ほぼ間違いなくそのことに触れたも

のである。

「全巻の構成」では、この項目は消えている。なぜこの経過が、ここでの議論との関連で興味深いのか。確かに思弁にはちがいないが、私の答えはこうである。その経過は少なくとも部分的に、なぜマックス・ヴェーバーが1913年にカテゴリー論文を『社会経済学綱要』とは別に、だから彼の寄稿とは別に、発表したのか、その理由を説明する。というのは、この論文について彼はこういっている。それは「すでにかなり前に書かれた叙述の断片であり、その叙述はすぐ後に出版される叢書のための寄稿(「経済と社会」)も含めて、事象にかんする研究の方法的基礎づけに役立つべきものであった。そしてその叙述の他の部分は、折りをみて別途発表されるであろう」と。この言表は、この、すでにかなり前に書かれた叙述が、かつての『政治経済学ハンドブック』の「問題設定の目的と論理的性質」に当たるという関係をなにがしか物語っている。

しかしカテゴリー論文がそこからの「断片」のみを提示しているとすれば、「その他の部分」はどこにあるのだろうか。それは失われたのか。書き換えられたのか。あるいはマリアンネ・ヴェーバーが1920年に書斎で見つけた書類束のなかにあったのか。おそらく答えは最後のものだと思われる。なにがこの推測を裏付けるのか。これはまったくの思弁なのであろうか。

この困難な問題に納得できる答えを見いだすためには、まず日付を思い起こしたい。マックス・ヴェーバーによって企画された『政治経済学ハンドブック』がいつ『社会経済学綱要』に変わったのか、正確には分からないが[20]、それは当初、1912年に出版されるはずであった。1909年7月17日付でマックス・ヴェーバーはパウル・ジーベックにたいして、ヴィーザーの寄稿の締切りとして1912年の復活祭を提案している[21]。他方、他の寄稿の締切りとしては、すでに1911年10月と見込まれていた。そして1910年5月の「題材分担案への緒言」では、1912年1月15日が原稿引き渡し期限と定められ、それ以上の引き延ばしは不可能と強調されている。しかしシュムペーターとの契約では締切りとしてあらかじめ1912年7月31日、ビュッヒャーとの契約ではさらに1912年8月31日と取り決められている。つまりかなり

早いうちに、期限の変更がなされたのである。さらに最後に挙げた締切りさえも守られなかった。だがマックス・ヴェーバーにとってそうした事態は、けっして不都合なことではなかったと思われる。すべての遅れが明らかになると、彼も時間をえることになった。そして彼は、それを新たな準備段階のために使ったわけだが、その成果を、カテゴリー論文の第二部、すなわち古い断片は、不十分にしか反映していない。

　1910年の春にじっさいに「事象にかんする研究の方法的基礎づけ」を定式化した草稿があったならば、その草稿は、まだルードルフ・シュタムラーとの対質によって顕著に規定されたものであったろう。というのもマックス・ヴェーバーは1907年に、ルードルフ・シュタムラーの『経済と法』の改訂第二版にたいして辛辣な批判をおこなっている。だが同時に、その著書が「疑いなく価値をもちつづける個々の構成部分」を含んでおり、「誠心誠意適切な場所でとり上げ、できるかぎり強調したい」とも述べている (Max Weber 1968b)。1919/20年の「社会学の基礎概念」でも、マックス・ヴェーバーはシュタムラーとの対質に立ち返っている。そこで彼はつぎのようにいう。「文献に通じている者であれば、R・シュタムラーの著書において『秩序』概念が果たしている役割を覚えているであろう。その著書は、彼の他の仕事と同様、疑いなく見事に書かれているが、しかし根本的に誤っており、問題を致命的に混乱させてしまっている。」そして彼は「引き起こされた混乱への憤懣やるかたなく、遺憾ながらやや辛辣にすぎた批判」[22]を弁明している。その「やや辛辣にすぎた批判」というのは、とりわけ三点に関係する。まずシュタムラーが規範的妥当と経験的妥当とをきちんと区別していないこと、そしてあらゆる社会的行為が秩序に準拠した行為であると主張していること、さらに彼は秩序を形式と見なし、現実が概念に対立するように、内容すなわち社会的行為を、そうした形式に対立させていることである。つまりシュタムラーはヴェーバーからみれば、法学的概念形成と、経済学的あるいは社会学的概念形成との関係を正確に規定しておらず、また社会学的にみて受け入れられる秩序概念を展開していない。そこでつぎのように推測できる。マックス・ヴェーバーがシュタムラーの誤りを正しつつも、同時に彼の所論の価値ある

構成部分を保持した場所というのは、「事象にかんする研究の方法的基礎づけ」、とりわけ「経済と社会」への方法的基礎づけに役立つはずの叙述であり、また彼が部分的にカテゴリー論文に発表した叙述であった、と。

じっさい、カテゴリー論文ではつぎのようにいわれている。概念形成は「内的にはR・シュタムラーの所論（『経済と法』）に、およそ考えられるかぎりもっとも強く反対しながら、外的には類似の関係を示している。」それらの概念は、部分的には「シュタムラーが『言うべきであったはずの』ことを示すために展開されている。」[23] シュタムラーとの対質から生まれたこの成果を、彼が1913年に別途発表したということは、それがもはや第二の準備段階においては、『綱要』寄稿の構成を導くものではなかった、ということを意味している。そこで編纂上興味深い問題はつぎのとおりとなる。シュタムラーとの対質によってまずもって規定されているテキストは、他にもまだあるのか。答えは然りであり、少なくともひとつの事例は存在する。それは遺稿のなかに見つかったテキスト「経済と秩序〔複数〕」である。というのはそのテキストはカテゴリー論文への多くの前出参照指示を含み（文献学的論証）、シュタムラーにとっての中心問題である規範的妥当と経験的妥当との関係、さらに秩序への準拠性といったことを扱っており（体系的論証）、またそれは革新についての問いを、カリスマ概念を用いることなく立てている（作品史的論証）からである。言いかえれば、このテキストが書かれたときには、まだ支配の社会学は展開されていなかった。他方カテゴリー論文にも、支配の諸類型は欠けている！ つまりこれらふたつのテキスト〔「経済と秩序」とカテゴリー論文第二部〕は早い時期のものであり、組になっている。それらはおそらくともに、ヴェーバーがまだ「経済と社会」というタイトルをつけていた『綱要』寄稿の、第一の頭（「経済と法。1．原理的関係」）をなしていたのであろう。

だがマックス・ヴェーバーは明らかに1912年以後、『綱要』寄稿に関連して、第二の準備段階に入った。そこではシュタムラーとの対質は背景に退いている。そこで彼は社会学的な秩序の概念を保持しながらも、それをゲマインシャフトないし団体の概念によって補完する。これが正しいとすれば、つぎのような帰結が導かれる。つまりこの第二の準備段階の経過のなかで、

古い頭、すなわちカテゴリー論文第二部と「経済と秩序」は、もともとの機能を失った、ということである。このことは、なぜマックス・ヴェーバーが1913年にカテゴリー論文を『ロゴス』に発表したかを説明する。そしてまた、なぜ彼が「その他の部分は、折りをみて別途発表されるであろう」と記し、『綱要』寄稿とは別に発表しようとしたのかをも、それは説明する。カテゴリー論文の発表とともに古い頭は切り落とされ、まずもって新たな頭がつくられなければならなかった。それは明らかに1914年8月までにはつくられていない。マリアンネ・ヴェーバーもヨハンネス・ヴィンケルマンも「トルソの頭」[24]をみつけることが困難だったこと、そして二人が説得力のある解決にいたらなかったことは、私からみれば偶然ではない。なぜなら古い頭はもはや役に立たなくなっており、新たな頭はまだなかったからである（「社会的秩序のカテゴリー」）。マリアンネ・ヴェーバーは経済とゲマインシャフトについてのテキストを頭とすることを決め、それに対してヨハンネス・ヴィンケルマンは経済と秩序についてのテキストを選んだ。もともとの頭は1912/13年以来マックス・ヴェーバーにとってじっさいもはや役立たなくなっていたのだから、マリアンネ・ヴェーバーの配列のほうがヨハンネス・ヴィンケルマンの配列よりも、どちらかといえばよい。鋭く定式化すればつぎのようになる。旧稿の旧稿は、1913/14年の「浩瀚な旧稿」ともはや同じではない。確かに1914年の構成表では、秩序の概念が先頭に置かれ、寄稿全体のタイトル〔「経済と社会的秩序ならびに（社会的）勢力」〕のなかでも強調されている。しかしそのことは、「経済と秩序」テキストがまだ先頭にあったことを意味しない。マックス・ヴェーバーが1914年8月には、草稿のための新たな導入部を書いていないことは明らかである。そのために、後の「社会学の基礎概念」のようなテキストが必要となったのであろう。

　しかし遺稿が1914年構成表にきちんとは収まらないという事実は、「経済と秩序」にのみあてはまるわけではない。いわゆる法社会学、「都市」、および「政治ゲマインシャフト」「勢力形象。『国民』」「階級、身分、党派」といった小さいテキストの編入も、これと同様である。これらはすべて、「経済と秩序」と同様、1913/14年構成表よりもむしろ1909/10年構成表に適合する

テキストである。つまりマリアンネ・ヴェーバー以来「浩瀚な旧稿」に算入されてきたテキストの、確定的な配列は存在しない。いくらかでも確かな配列を試みようとすれば、とりわけ前出・後出・他出参照指示といった文献学的論証、体系的論証、そして作品史的論証を組み合わせなければならない。また、1910年5月から〔1914年〕8月にかけて、マックス・ヴェーバーには『綱要』寄稿にかんして、ふたつの準備段階とふたつの執筆時期があった、ということも顧慮されなければならない。新稿と旧稿をきちんと分けることのみならず、旧稿についてもふたつの執筆段階を明らかにし、「浩瀚な旧稿」がけっしてひとつに統合された全体ではないことを示すのも、歴史的・批判的編纂の課題である。

V. タイトル問題

まだタイトル問題が残っている。いろいろなタイトルのうち、どれが信憑性をもつのであろうか。選択肢は三つある。「経済と社会」「経済と社会的秩序ならびに（社会的）勢力」そして「社会学」である。最後のタイトルは、1914年に、先に引用した刊行予告と、書簡のなかに出ている（「私の大規模な社会学 meine grosse Soziologie」）ばかりでなく、1920年の出版広告にも見受けられることによって、正当化される。1920年4月の出版社の「新刊案内」では、マックス・ヴェーバーの『綱要』寄稿は、「第3部：経済と社会。社会学」と予告されている。

そこでさしあたっては、「経済と社会」が、大規模な『綱要』寄稿にたいするマックス・ヴェーバーの当初のタイトルだった、ということを心に留めておく必要はある。だがそれは、そうでありつづけたのか。答えは「否」である。「題材分担案」から「全巻の構成」にかけて、マックス・ヴェーバーは寄稿の構成表だけでなく、寄稿のタイトルも変更している。タイトルは「経済と社会」に代わって、「経済と社会的秩序ならびに（社会的）勢力」となった。これが「浩瀚な旧稿」のタイトルである。遅くとも1914年以来、古い寄

稿タイトルのほうは、篇もしくは部のタイトルとなった。その部をマックス・ヴェーバーは、オイゲン・フォン・フィリポウィッチと分担したのである。

　第二の準備段階はおそらく1912年末か1913年初頭に始められ、先の「まとまった理論と叙述」へといたるが、その途中で彼は寄稿タイトルも変更している。これは強いられたことではない。マックス・ヴェーバーにとって「経済と社会」が寄稿タイトルとして捨てがたいものであったとすれば、彼の死後マリアンネ・ヴェーバーがおこなったように、そのタイトルを奪い、オイゲン・フォン・フィリポウィッチと「分け合わ」ない方途を見つけたであろう。タイトルの変更には、むしろ完全に事象に即した理由があったのである。マックス・ヴェーバーは『社会経済学綱要』への序言でつぎのように書いている。「他方、いくつかの特別な叙述（1篇と3篇）で、技術や社会的秩序にたいする経済の関係が扱われるが、これは通り一遍の類例よりも実り多いと思われる。しかもそれは、そうすることにより、経済にたいするそれらの領域の自律性も明確に浮き彫りにされようと意図してのことである。出発点とされたのは、経済の発展はとりわけ生の全般的な合理化の特殊な部分現象として把握されなければならない、という見地である。」[25]　こうした意図は新しい寄稿タイトルと正確に対応している。古いタイトルは〔新しいタイトルに比して〕正確さに欠けるばかりか、厳密には誤りともいえる対置を含んでいる。もっともこの対置は、新しいタイトルでも回避されてはいない。というのは、経済は、社会と対峙しているのではなく、それ自体ひとつの社会的秩序また社会的勢力であり、他の社会的秩序また社会的勢力にたいして、相対的な自律性を要求するものだからである。このことは、1913/14年の『綱要』寄稿で詳しく述べられている。

　したがってつぎのことは疑いない。まず「経済と社会的秩序ならびに（社会的）勢力」というタイトルは、1913/14年の「浩瀚な旧稿」にかんして、内容に即して正しいばかりか、信憑性もそなえているということ、そしてこのタイトルは、当初の寄稿タイトル「経済と社会」に、たんに便宜的理由のみで取って代わったのではない、ということである。ではこのことは、1919/20

年の新稿にもあてはまるのか。これに答えるのは容易ではない。

　まず第一分冊冒頭の表紙に依拠しなければならない。これはすでに前で引用した。それによれば、マックス・ヴェーバーかパウル・ジーベック、あるいは両者は、タイトル問題にかんして、1914年の「全巻の構成」に依拠している。部のタイトルは「経済と社会」で、これはマックス・ヴェーバーとオイゲン・フォン・フィリポウィッチそれぞれの寄稿に二分されている。そしてマックス・ヴェーバーの寄稿には「経済と社会的秩序ならびに（社会的）勢力」というタイトルが付されている。しかし「全巻の構成」とは異なり、そこには「1部」という付け加えがある。

　この付け加えは何を意味するのか。誰がそれを加えたのか。興味深いのは、テキスト自体には付け加えがないことである。また出版契約にも、「1部」への言及はない。契約書への記入はマックス・ヴェーバーによってなされているが、そこにはむしろつぎのようにある。著作は分冊で出版され、一分冊はおよそ7〜10印刷全紙分とし、できるかぎり著作の章編成を考慮して分割する、と。組版され、ヴェーバーによって校正もされたテキストには、確かに「章」はあるが、「部」はない。もっとも簡単には、分冊が部と呼びかえられている、と説明されよう。もっと込み入った説明も、いろいろ容易になされよう。だが、すでにマリアンネ・ヴェーバーが出版者に2（そして3）部を遺稿のなかから渡すことをもくろみ、この付け加えをおこなった、ということも考えられよう。そしてその後に彼女は、オイゲン・フォン・フィリポウィッチの寄稿を部から排除した。その間にパウル・ジーベックは死去している。こうしてついに、部のタイトルが寄稿タイトルとして使えるようになったのである。

　表紙にある「経済と社会的秩序ならびに（社会的）勢力」が寄稿タイトルとして信憑性をそなえていることにかんしては、マックス・ヴェーバーがオイゲン・フォン・フィリポウィッチの寄稿を出版させなかったということも証明となる。この寄稿は1914年以来（！）手元にあったのだ。著者は1917年に亡くなっている。もしマックス・ヴェーバーがもはや「全巻の構成」を気にかけていなかったとしたら、はたしてその間に死去した同僚の完成稿を

数年間も出版しないままにしておくという、同僚意識にも恭順にも反するような行為をおこなったであろうか。

　この問いにたいする答えは重要である。というのは、出版社とマックス・ヴェーバーとの契約で、ふたたび「経済と社会」というタイトルが登場するからである。そのとき、「経済と社会」が寄稿タイトルに復帰したのではないのか。この問いには、「全巻の構成」および「叢書『社会経済学綱要』の共同編集にかんする出版契約」の語句を調べれば、疑わしいと答えるほかはない。というのは、この契約の第一条にはつぎのようにある。「マックス・ヴェーバー教授は、同封の構成にしたがって出版される上記の叢書に参加し、『経済と社会』篇の執筆を担当する。」だがその同封の構成とは、「全巻の構成」のことである。そしてそこでは、ヴェーバーの寄稿タイトルは、第一分冊の表紙と同じ、「経済と社会的秩序ならびに（社会的）勢力」であった。

　そういうわけで、マックス・ヴェーバーの『綱要』寄稿はじっさい、「経済と社会」というタイトルをもつ二部構成の一書ではない。それはむしろふたつの、あるいは正確には三つのヴァージョンがあるひとつのプロジェクトである。最初のふたつのうちひとつは「題材分担案」に結びつき、もうひとつは「全巻の構成」に結びついているが、それらは今日もはやテキスト上ではほとんど区別できない。しかし1919/20年に現われたヴァージョンについては、事情が異なる。それは確かに「浩瀚な旧稿」を基礎としているが、根本的な書き換えを経ている。それがこの「浩瀚な旧稿」にたいして独立しているかぎり、それは独自の草稿の体をなしている。われわれにはひとつの同じプロジェクトをめぐる、三つの執筆時期が問題となっている。そこでは、より遅い時期の稿はより早い時期の稿を基礎として築かれ、以前に達成されたものは改訂され、新たなものが付け加わっている。第二の作業時期に初めて、たとえば支配の社会学や宗教社会学が生まれ、第三の執筆時期には経済社会学が加わった。しかしマックス・ヴェーバーの『綱要』寄稿には第二の執筆時期以来、「経済と社会的秩序ならびに（社会的）勢力」というタイトルが冠せられていた。このことは、補足された**表2**にも示されている。

　「社会学」という寄稿タイトルについてはどういうべきであろうか。それ

表2. マックス・ヴェーバーによる構成の対照（1910～1920年）

旧　　　　稿		新　　稿
経済と社会 1910年 （カテゴリー論文Ⅳ－Ⅶ節）	経済と社会的秩序ならびに（社会的）勢力 1914年	社会学、あるいは、経済と社会的秩序ならびに（社会的）勢力 1920年
(a)経済と法 1. 原理的関係 2. 今日の状態にいたる発展の諸時期	1. 社会的秩序のカテゴリー 　経済と法の原理的関係 　団体の経済的関係一般	Ⅰ. 社会学の基礎概念 Ⅱ. 経済行為の社会学的基礎カテゴリー
(b)経済と社会集団 家族および家ゲマインシャフト団体 身分と階級 国家	大きなゲマインシャフト形式にたいする経済の関係 家族とゲマインシャフト 経営 氏族 種族ゲマインシャフト	2. 家ゲマインシャフト、オイコスおよび経営 3. 近隣、氏族、ゲマインデ 4. 種族ゲマインシャフト関係
(c)経済と文化	宗教 （救済教説と宗教倫理の社会学）	5. 宗教ゲマインシャフト 　宗教の階級的被制約性 　文化宗教と経済的志操 6. 市場ゲマインシャフト形成 7. 政治団体 　法の発展条件 　身分、階級、党派 　国民
	国家および支配の社会学	8. 支配
		Ⅲ. 支配の諸類型 Ⅳ. 身分と階級

はじっさい多くの点で、内容に即しては正しい。しかしそれは著者に固有ということだけで、〔著書名として〕信憑性をそなえているとまではいえない。しかしいずれにせよ、それも「経済と社会」よりはましである。この寄稿タイトル「経済と社会」から、われわれは訣別しなければならない。真相が示すとおり、ここには再会はないのである。

注

1) 第一分冊の四つの章にみられる後出参照指示にもとづき、ともかくもつぎのように推論される。5章は「団体の諸形式」、すなわち家ゲマインシャフト、近隣ゲマインシャフトなどにあてられるはずであり、さらにそれ以降の分冊では、法社会学や宗教社会学などが予定されていた。興味深いことに、マックス・ヴェーバーは3章「支配の諸類型」のなかで、さらに国家社会学がつづく、といっている。つまり予定された構想は、団体、法、宗教、および国家の社会学へと広がっている。さらに個別叙述もしくは特殊考究とも名付けられた、個別の社会学的分析もあるはずであった。何がそこで問題とされるはずであったかは、ふたたび後出参照指示から推論される。だがそこでは一貫した像は浮かび上がってこない。

2) マックス・ヴェーバーの、日付の欠けたパウル・ジーベック宛書簡。(1919年10月27日) モール／ジーベック、Deponat BSB ミュンヘン、Ana 446。

3) マックス・ヴェーバーは、最終的な出版契約のなかに手書きで、7〔印刷全紙分〕と書き入れている。この出版契約については1919年11月13日の草案があり、草案と最終稿はそれぞれ、正本と副本が作成されている。一方はタイプで打たれ、他方には、第一次世界大戦前に『社会経済学綱要』に予定された契約条項がそのまま使われている。

4) マックス・ヴェーバーはたとえば「社会科学のもっとも一般的なカテゴリー」と「一般国家学説および政治学 (国家社会学)」について講義をおこなっている。いずれのテーマも第一分冊に関連のあるものである。

5) 草稿の最初の配置については、マリアンネ・ヴェーバーからパウル・ジーベック宛1920年6月30日付、つまりマックス・ヴェーバーの死去直後の書簡で触れられている。「私は本日すでに、社会学についての夫の原稿の一部を、十分な検討のため、若い学者であるパリュイ博士に渡しました。そこで社会学の印刷全紙を、もう一度私にお送り願えませんでしょうか (それは完全なかたちで手元にあるわけではないのです)。というのは、現存の原稿のうちでどれだけが、すでに概念的基礎論に繰り込まれているのかを、パリュイ博士が正確に検証できるようにしたいからです。明らかに印刷への準備ができ

ているものには、宗教社会学、法社会学、社会 (Gesellschaft) の諸形式 (種族ゲマインシャフト、氏族、国民、国家、教権制など)、さらに支配の諸形式 (カリスマ制、家産制、封建制、官僚制) があり、そして大部の書束・都市の諸形態があり、最後にきわめて興味深い音楽社会学についての篇があります。私が思いますに、まず宗教社会学論集の第二巻、つまりインドとユダヤについての巻を出し、それから社会学的な著作を出していけば、出版も順調に運ぶのではないでしょうか。」1922年9月の第四分冊完了までに、マリアンネ・ヴェーバーの編纂では「2部」と「3部」として編まれている遺稿の章立てについて、少なくとも六つの異なる提案がなされている(さらには以下で)。それらの提案はまずもってメルヒオール・パリュイに帰せられる。

　興味深い途中経過が3月29日付で伝えられている。オスカー・ジーベックからのマリアンネ・ヴェーバー宛書簡ではつぎのようにいわれている。「謹啓、奥様。25日付のお手紙、誠にありがとうございました。本日は、お知らせいただいていた『経済と社会』の草稿の受け取りを確認するにとどめさせていただきます。念のため以下でもう一度、原稿送付の内容を示させていただきます。

1. 経済と秩序
2. 法社会学
3. 経済と社会一般　家ゲマインシャフトと近隣団体
4. 種族ゲマインシャフト
5. 宗教社会学
    1. 呪術、祭司　2. 神概念、倫理、タブー　3.「預言者」　4. 教団
    5. 救済、知、説教、司牧　6. 身分および階級と宗教　7. 神義論
    8. 救済と再生　9. 救済道　10. 宗教倫理と「世俗 (Welt)」
    11. 文化宗教と世界 (未完)
6. 市場 (未完)　7. 支配　8. 政治ゲマインシャフト
9. 勢力形象「国民」　10. 階級、身分、党派　11. 正当性　12. 官僚制
13. 家産制　14. カリスマ制　15. カリスマの変形 (未完)　16. 封建制
17. 国家と教権制　18. 都市 (『社会科学・社会政策雑誌』に既発表)」

最初の状態については記録が不正確で、多くの置き替えもなされ、原稿のもともとの状態と配置については、今日もはや一義的には確定できない。

6)　「都市」稿と音楽社会学にかんしては、彼女は迷っていた。だが最終的には編入した。無視しうる例外は、シュタムラー〔批判〕への補遺と論文「正当的支配の三つの純粋型——社会学的研究」とされ、後者は1922年に『プロイセン年報』に発表された。ヨハンネス・ヴィンケルマンはこれをも統合しようとした〔第四版〕が、しかしやがてふたたび断念した〔学生版、第五版〕。

7)　『経済と社会』初版へのマリアンネ・ヴェーバーの序言を参照。

8) これについては、フリードリッヒ・H・テンブルック（1977）、折原浩（1994）（さらにそれ以前に日本語で書かれた一連の公表論文類）、そしてヴォルフガンク・シュルフター（1988b）を参照。
9) 学者として誇りをもつ者は誰も、教科書を書いた。いくつかの例を示せば、アドルフ・ヴァグナーの『理論社会経済学』は、1907年に大幅に増補された4版が出ており、またグスタフ・シュモラーの『一般国民経済理論綱要』は、1900年にすでに3版を数えている。オイゲン・フォン・フィリポウィッチの『政治経済学綱要』はさらに、1909年に改訂8版が出ている。こうした列挙はさらに続けることができる。マックス・ヴェーバーも世紀転換期に、理論的国民経済学についての講義からひとつの教科書を書こうと企図した。そのような教科書の計画と、のちの『社会経済学綱要』とのあいだには、間違いなく関連がある。
10) MWG（『マックス・ヴェーバー全集』）II／6、132ページ参照。
11) 『政治経済学ハンドブック』のための「題材分担案」は、その「緒言」とともに、MWG II／6、766ページ以下に掲載される。
12) MWG II／6、183ページ以下参照。
13) MWG II／6、211ページを、767ページと併せて参照。
14) MWG II／6、211ページ参照。
15) MWG II／6、230ページ、さらに313ページも参照。
16) MWG II／6、280ページ以下参照。
17) MWG II／6、404ページ参照。
18) 契約はそれぞれの寄稿者とパウル・ジーベックによって署名され、さらに1910年5月23日の日付が付けられた。寄稿の引き渡し日としては、カール・ビュッヒャーの場合は1912年8月31日、ヨーゼフ・シュムペーターの場合は1912年7月31日が記されている。叢書中の寄稿の「配置」については、「全巻の構成」の呼称が使われ、ビュッヒャーがI. A I、シュムペーターがI. A IIとなっている。注20参照。
19) MWG II／6、447ページ参照。
20) 多くのことからして、1914年の初夏であると思われる。出版者パウル・ジーベックはシュトゥットゥガルトの弁護士、エルンスト・キールマイヤー博士とこの時期に書簡を交わしていたが、1914年5月22日付の前者から後者に宛てた書簡では、つぎのようにいわれている。それは、マックス・ヴェーバーの執筆による『社会経済学綱要』序言のなかで、シェーンベルクのハンドブックとの関連に言及すべきかどうか、という問題にかんするものである。「マックス・ヴェーバー教授がシェーンベルクのハンドブックを新たに編集してほしいという要請を最初に受けて、それはできないとお断りになったのは当然のことです。とはいえ、シェーンベルクのハンドブックに代えるというかたちで、新たな著作を販売する計画が浮かび上がったのはたしかです。そういうわけで最初

は新しい著作を『政治経済学ハンドブック』と名づけようとしたのですが、このタイトルはまだ出版契約のなかに入っているのです。」1914年5月22日付、エルンスト・キールマイヤー宛パウル・ジーベック書簡。J.C.B.モール（パウル・ジーベック）社保管文書。

21) MWG II／6、183ページ以下参照。
22) 『経済と社会』4版、17ページ参照。
23) 『学問論集』427ページ参照。
24) 折原浩による定式化。
25) ヴィンケルマン（1986）『マックス・ヴェーバーの遺された主著』165ページに掲載。

訳注：シュルフターによる引用では 'mit Wieser spreche' となっているが、MWG II/6：132 には 'an Wieser schreibe' とある。

文献

Orihara, Hiroshi, 1994: Eine Grundlegung zur Rekonstruktion von Max Webers ‚Wirtschaft und Gesellschaft'. Die Authentizität der Verweise im Text des ‚2. und 3. Teils' der 1. Auflage, KZfSS 46: 103-121.〔＝本書所収、信憑性論文〕

Schluchter, Wolfgang, 1988: *Religion und Lebensführung*. 2 Bde, Frankfurt a. M.: Suhrkamp.

Schluchter, Wolfgang, 1988a: Die Religionssoziologie: Eine werkgeschichtliche Rekonstruktion. S. 557-596 in: Ders.: *Religion und Lebensführung*. Bd 2, Frankfurt a. M.: Suhrkamp.

Schluchter, Wolfgang, 1988b: „Wirtschaft und Gesellschaft": Das Ende eines Mythos. S. 597-634 in: Ders.: *Religion und Lebensführung*. Bd 2, Frankfurt a. M.: Suhrkamp. (Vgl. auch: Ders., 1987: „Economia e società": *la fine di un mito, Rassegna Italiana di Sociologica* XXVIII.)〔邦訳あり。「はじめに」文献表参照〕

Tenbruck, Friedrich H., 1977: Abschied von „Wirtschaft und Gesellschaft", *Zeitschrift für die gesamte Staatswissenschaft* 133: 703-736.〔邦訳あり。「はじめに」文献表参照。〕

Weber, Marianne, 1924: Vorwort zur 1. Auflage von WuG, Tübingen: J. C. B. Mohr (Paul Siebeck).

Weber, Max, 1956: *Wirtschaft und Gesellschaft. Grundriss der verstehenden Soziologie*. Studienausgabe herausgegeben von Johannes Winckelmann, Tübingen: J. C. B. Mohr (Paul Siebeck).

Weber, Max, 1968a (zuerst 1913): Über einige Kategorien der verstehenden Soziologie, S. 427-474 in Ders.: *Gesammelte Aufsätze zur Wissenschaftslehre*. 3. Aufl., Tübingen: J. C. B. Mohr (Paul Siebeck).

Weber, Max, 1968b (zuerst 1913): R. Stammlers „Überwindung" der materialistischen

Staatsauffassung. S. 291-359 in Ders.: WL, 3. Aufl., Tübingen : J. C. B. Mohr (Paul Siebeck).

Weber, Max, 1994 : Briefe 1909-1910. Herausgegeben von M. Rainer Lepsius und Wolfgang J. Mommsen, in Zusammenarbeit mit Birgit Rudhard und Manfred Schön. *Max Weber-Gesamtausgabe* Abt. II, Bd. 6., Tubingen : J. C. B. Mohr (Paul Siebeck).

Winckelmann, Johannes, 1986 : *Max Webers hinterlassenes Hauptwerk*, Tübingen : J. C. B. Mohr (Paul Siebeck).

3

マックス・ヴェーバーの『社会経済学綱要』寄稿
―― ひとつに統合された全体としての戦前草稿 ――

折原 浩 著／鈴木 宗徳 訳

要約：『社会経済学綱要』へのマックス・ヴェーバーによる寄稿部分の成り立ちにかんする最近の研究は、その執筆時期が 1910/11 年および 1913/14 年の二つに区別しうるという論点に行き着いている。しかし、執筆段階を年代順に確定することを、テキストの体系的配列と混同するならば、それは、さまざまな時点で書かれたテキスト群の統合如何という問題を看過する危険性なしとしない。こうした問題のある研究状況にかんがみ、本論文では、ヴェーバーがさまざまな時期の関連するテキストを、相互にそれぞれを参照指示するかたちで執筆していたこと、よってこれらのテキストを統合する方向で執筆していたことが、論じられる。なかでも、1913 年に『ロゴス』誌に発表されたカテゴリー論文（「理解社会学のいくつかのカテゴリーについて」）は、文献学的にも体系的にも〔他の〕戦前の草稿全体と切り離しえないものである。したがって、カテゴリー論文は、「経済と秩序」や「経済と社会一般」という他の関連する章とともに、内容的な章がはじまる前の導入部として、戦前草稿の冒頭に置かれるべきものだったのである。

I. 問題設定
　　――二つの執筆時期は統合されえないのか？

　『マックス・ヴェーバー全集』のうち、これまで『経済と社会』として公刊されてきたテキスト群にあたる、Ⅰ/22巻とⅠ/23巻の準備作業は、マックス・ヴェーバーの1912年までの書簡が注意深く編纂されたことによって、この五年来、大きな進捗をみている。とりわけ、戦前草稿として執筆されたものが二つの時期に区別できること、つまり、『政治経済学ハンドブック』、のちの『社会経済学綱要』へのヴェーバーの寄稿部分は、これら二つの時期に分けて執筆されたことが証明された (Schluchter 1998＝編纂論文、など)。筆者はこれまでマリアンネ・ヴェーバーの言にしたがい (Weber 1980［以下 WuG と引用］: XXXIV)「1911–13年草稿」との名称を用いてきたが、これからは「1910–14年戦前草稿」としなければなるまい。タイトルの問題についても、「経済と社会的秩序ならびに（社会的）勢力」が信頼できると見なせることが、この間に明らかとなった。

　このような進捗によって、もとより、新しい問題が生じてきている。戦前草稿全体を体系的に読解しかつ編纂するという目的に、これらの作品史的な研究成果をどのように用いるか、という問題である。たとえば、テキストの年代順の配列をテキストの体系的な配列と混同してしまうならば、年代が異なるものとして区別可能なテキストどうしの体系的統合が看過されてしまうか、少なくとも過小評価されてしまうことが危惧されよう。

　たとえば、シュルフターによれば、「いわゆる法社会学、『都市』、および『政治ゲマインシャフト』『権力形象。国民』『階級、身分、党派』などの比較的短いテキスト」は、1914年構成表よりも1910年の題材分担案に適合的である、すなわち、「早い方の」時期に属することになる。その一方で、「遅い方の」時期に執筆されたうち、主たるものが、宗教社会学と支配の社会学であるとされている。さらにシュルフターは、「第二局面の作業を進めるなかで、当初、頭 Kopf とされていた、カテゴリー論文の第二部と『経済と秩序』

は、当初の〔頭としての〕役割を失った」と主張している。こうして彼は、「旧稿にはふたつの執筆段階があることを明らかにし、『浩瀚な旧稿』がひとつに統合された全体ではないことを示す」(Schluchter 1998：とくに339-340＝編纂論文：63-65) という課題を設定する。

　しかし「浩瀚な旧稿」は、ほんとうにひとつに統合された全体ではないのか。ヴェーバー自身は、「早い方」と「遅い方」の両執筆時期のテキストの統合を達成しなかったのか。この問いには、テキストに内在する証拠にもとづいて答えなければならない。

II. テキスト内の相互参照指示

　計567箇所の参照指示のネットワーク (Orihara 1993：117-144) に着目することによって、ヴェーバーが「早い方の」テキストと「遅い方の」テキストとの架橋を意図していたこと、そしてヴェーバーが両時期のテキストの統合に十分成功していたことを示す、動かぬ証拠が導き出せる。

1．ヴェーバーが、「遅い方の」時期に属する家産制的支配にかんする叙述を、「早い方の」時期からのものであろう、家ゲマインシャフトの叙述とオイコスの叙述とに、はっきりと結びつけていることが、前出参照指示Nr. 398 および399 から分かる。「われわれが先に früher、家ゲマインシャフトを論じたさいに bei der Besprechung der Hausgemeinschaft 見たとおり、家ゲマインシャフトの原生的な共産制は、性の領域でも経済の領域でもますます大きな制限をうけるにいたる、……。われわれはさらに lernten wir ferner、家の営利経営から生まれ、これから分離するにいたった資本主義的『経営』の発展と対極をなすものとして、家の内的分化－再編制の共同経済的形式、すなわち『オイコス』についても学んだ den ‚Oikos' kennen。ここでわれわれは、オイコスを基盤として、換言すれば分化した家権力を基盤として生まれる支配構造の形式、すなわち家産制

的支配 patrimoniale Herrschaft について考察しなければならない」(WuG：582-583＝世良訳、支配Ⅰ：150-51)。その一方でヴェーバーは、オイコスについての叙述を家産制的支配についての叙述と、先の箇所と同様にはっきりと結びつけていることが、後出参照指示 Nr. 49 から分かる。「『オイコス』の家産制的支配への発展については、……支配形態の分析との関連で、考察することになろう」(WuG：233＝厚東訳：598)。加えてヴェーバーは、ネットワークのこれら二つの環を、後出参照指示 Nr. 27 によってすでに予告していた。「……家ゲマインシャフトから成長をとげる<u>後述の</u> später zu erörternden 諸形象は、それ〔合理的ゲゼルシャフト結成〕を欠いている」(WuG：207＝厚東訳，543)。

2．先に述べた通り、シュルフターは「都市」を「早い方の」時期に属するものとしている。しかし「遅い方」とされる家産制的支配にかんする叙述のなかには、四つの<u>後出</u>参照指示、すなわち Nr. 425、428、433、450 (WuG：614＝世良訳、支配Ⅰ：256；620＝272；626＝世良訳、支配Ⅱ：291；639＝352) があり、これらは「早い方」とされる「都市」の叙述 (WuG：746-747＝世良訳、都市：95-96；778＝218；806-807＝322；772＝198) に被指示箇所を見いだす。その一方で、「早い方」とされる「都市」のなかには、三つの<u>前出</u>参照指示、すなわち Nr. 521、531、551 (WuG：757＝世良訳、都市：144；770＝188；787＝249-50) があり、これらは「遅い方」のテキストとされる「家産制的支配」(WuG：589-590＝世良訳、支配Ⅰ：172-173；617＝267；599＝205) や「国家と教権制」(WuG：690＝世良訳、支配Ⅱ：532) に被指示箇所をもつ (Orihara 1994a：120＝信憑性論文：37-39)。つまり、このばあいヴェーバーはみずから、「早い方の」テキストと「遅い方の」テキストとを架橋していたのであり、しかもその架橋は、執筆段階の年代順とは異なる、ヴェーバー自身の構想にもとづいているのである。

3．さらにシュルフターは、「階級、身分、党派」を「早い方の」段階に属するものとしている。フランク博士の報告が引用されていることを根拠に執筆時期を1912～13年とするマリアンネ・ヴェーバーの脚註 (WuG：326＝武藤他訳：206) に照らして、いわゆる「宗教社会学」が遅い方の時期

に属することは、証明される。しかしこの「宗教社会学」には、二つの後出参照指示、Nr. 108 と 117（WuG: 292＝武藤他訳: 124; 298＝139）があり、これらは逆に「早い方の」テキストとされる「階級、身分、党派」（WuG: 531-34＝浜島訳: 217-225; 536-537＝229-232）に被指示箇所をもつ。その一方で「階級、身分、党派」には、「遅い方の」宗教社会学を参照することで解決できる前出参照指示、Nr. 347（WuG: 537＝浜島訳: 231）がある。したがってこのばあいにも、ヴェーバーは、ふたつのテキストをみずからはっきりと関連づけていたのであり、しかもそれは、テキストの執筆年代順とは明らかに異なる配列順での関連づけである。

4. 最後に、「第二」局面と論文「理解社会学のカテゴリー」（Weber 1988 [以下 WL と引用]: 427-474）との連結については、つぎのような検証結果が判明する。すなわち、第二の執筆段階に属するテキストであるカリスマ的支配のなかに、つぎのような前出参照指示 Nr. 474 が見られる。「われわれが先に見た früher gesehen ように、合理化は次のようなかたちで進行する。すなわち、広汎な被指導者大衆は、彼らの利害にとって役立つ、外的、技術的な諸成果を習得するか、あるいはこれらに適応するのみである（我々が九九を『覚え』、専らあまりに多くの法律家が法技術を『覚える』ように）が、これにたいして、これら諸成果の創造者の『理念』内容は、彼らにとってはどうでもよいことなのである」（WuG: 658＝世良訳、支配 II: 412-13）。この前出参照指示に内容的に対応するのは、「九九」と「法技術」の例を含む、カテゴリー論文の最後のパラグラフのみである（WL: 471-473＝海老原・中野訳: 120-26）。「当初の頭」がその役割を失ったとするならば、こうしたことがどうして可能なのだろうか。

これらの参照指示から明らかとなるのは、ヴェーバーが、「早い方の」テキストであれ「遅い方の」テキストであれ、関連するテキストを、いつでも相互にそれぞれへの参照を指示しあうかたちで、そうすることによってそれらのテキストを次第に統合する方向で執筆していたことである。ここでさらに思い出されるのは、ヴェーバーが、1913 年 12 月にパウル・ジーベックに宛

てた手紙のなかに、すでに「仕上げられた ausgearbeiteten」「まとまった geschlossen 理論と叙述」と書いていたことである（Winckelmann 1986: 36; Schluchter 1991: 601, 603）。したがってヴェーバーは、彼自身の構想にしたがい、「早い方の」執筆時期に書かれたものを「遅い方の」時期に書かれたものへと、〔捨て去ることなく〕組み込んだと考えられるのである。これが正しければ、戦前草稿を、未完ではあるものの確かにひとつの全体をなすものとして再構成することが、可能だろう。われわれは少なくとも、戦前草稿をそれが現在残されているままの状態で引き継ぎ、その上で、できるだけ高い水準の統合を、テキストに忠実に探究してゆかなければならない。この目的を達する手段として、一方では、信憑性を証明された（Orihara 1994a＝信憑性論文）総計 567 箇所の参照指示が織りなす、テキスト内在的なネットワークを確認することが有効であろう。他方では、戦前草稿の総計 826 パラグラフの論点内容を、1910 年の題材分担案、1913 年 12 月 30 日の書簡にある内容項目、1914 年構成表と照合することである。むろんこの三者は、テキストそのものと包括的かつ詳細に照合することなしには、使用されてはならないだろう。

　もちろん、仮に草稿の各章がことごとく、二つの執筆時期のどちらかに十分な根拠をもって帰属されるのであれば、作品史的にみて意義のあることであろう。しかしそれは非常に困難である。否、ほぼ不可能であると言ってもよい。それどころか、編纂にあたって、二つの執筆時期への分属が、テキストの体系的配列よりも時間的順序を優先することを前提としておこなわれるのであれば、それはむしろ有害であるとさえ言えよう。そのばあいには、内容的に統合された全体をテキストにもとづいて再構成することも、この統合された全体の中に個々のテキストを位置づけることも、危うくなってしまうからである。そうなると、「合わない頭をつけたトルソ」であった『経済と社会』第五版までに代って、「頭のないばらばらの（五）肢体部分」が生まれることになろう。この点はもとより、いっそう詳細な説明を要する。

III. 合わない頭をつけたトルソ

　ヴェーバーは、1913年のカテゴリー論文から、『経済と社会』改訂稿（1920年）の第一章「社会学の基礎概念」（以下「基礎概念」と引用）にかけて、用語法を変更している。その要点は以下のとおりである (Orihara 1994b)。

1. カテゴリー論文では、〈ゲマインシャフト行為 Gemeinschaftshandeln〉概念は、〈ゲゼルシャフト行為 Gesellschaftshandeln〉概念の上位概念である。しかし「基礎概念」では、〈ゲマインシャフト行為〉という名称の代わりに 〉社会的行為 soziales Handeln〈 が用いられるようになる。同時に〈ゲマインシャフト行為〉、〈ゲゼルシャフト行為〉という術語は用いられなくなる。これに代わって新たに、〉ゲマインシャフト関係 Vergemeinschaftung〈 と 〉ゲゼルシャフト関係 Vergesellschaftung〈 という対概念が、〉社会関係 soziale Beziehung〈 の二類型として導入される。
2. カテゴリー論文では、〈諒解行為 Einverständnishandeln〉という概念が、〈ゲゼルシャフト行為〉との関連で規定されている。しかし「基礎概念」では、〈諒解行為〉概念は後景に退き、少なくともこの名称は使われなくなる。同時に〈ゲゼルシャフト行為〉概念も脱落する。
3. カテゴリー論文では、〈諒解行為〉に対応する〈団体 Verband〉概念が詳細に規定されるとともに、〈ゲゼルシャフト行為〉に対応する〈目的結社 Zweckverein〉と〈アンシュタルト Anstalt〉の二概念が、〈団体〉概念に対置されていた。しかし「基礎概念」では、〈諒解行為〉概念が失われるのにともなって、〉団体〈 概念が、〈目的結社〉と〈アンシュタルト〉の双方を包摂する一般的なカテゴリーへと変更されている。
4. カテゴリー論文では、〈強制装置 Zwangsapparat〉が社会学的意味での〈法 Recht〉のメルクマールとして定義されていたが、「基礎概念」ではこの概念は完全に失われ、代って 〉強制スタッフ Erzwingungs-Stab〈 という

語が現れる。

　ヴェーバーは、戦前草稿の全体にわたってカテゴリー論文で規定した諸概念を用いており、その用いかたは、「早い方の」執筆時期から「遅い方の」執筆時期にいたるまで、完全に首尾一貫している（Orihara 1994b）。一箇所だけ、後の用語である「社会的行為」が現れるが、これは文脈からみて、最初の編纂者〔＝マリアンネ・ヴェーバー〕とその協力者〔＝メルヒオール・パリュイ〕が後から挿入したものと考えられる（ebd.: 11-13）。したがって、『経済と社会』の2部（と3部）を、「1部」にある変更後の用語法を用いて読むことは、厳密に言って不可能なのである。これが、これまで出版された『経済と社会』第五版までを、「合わない頭をつけたトルソ」と呼ばざるをえない理由である。

IV. トルソの旧い頭

　ところで、以上の考察から判明するのは、戦前草稿全体を正確に読むのに不可欠な術語である〈ゲマインシャフト行為〉〈ゲゼルシャフト行為〉〈諒解行為〉などの概念が詳細に規定されているカテゴリー論文、とりあえずはその「第二部」が、戦前草稿の冒頭、したがって『マックス・ヴェーバー全集』Ⅰ/22巻・第一分冊の冒頭に置かれるべきだということである。
　この配置が正しいことは、何よりも文献学的に証明される。その根拠は、すでに引用した前出参照指示 Nr. 474 以外にも、カテゴリー論文を指示していると解するほかはない前出参照指示、Nr. 1、2、3、10、24、25 が、戦前草稿のなかに存在することである（Orihara 1993）。そのうち Nr. 1、2、3、10 は「経済と秩序」章（WuG: 181-198＝厚東訳: 489-527、世良訳、法: 3-66）からのものであり、Nr. 24 と 25 は、「経済と社会一般」章（WuG: 199-211＝厚東訳: 528-553）からのものである。
　体系的にみても「経済と秩序」章がカテゴリー論文に関連づけられていることは、すでにシュルフターが証明している（Schluchter 1998: 338-339＝編纂論

文：62-63)。ヴェーバーはカテゴリー論文の最初の脚註に、こう書き記している。カテゴリー論文の「第二部」は、「かなり前にすでに書かれていた論稿から」とりだされたものであり、「その論稿は、内容的諸研究、とりわけ、まもなく出版される叢書への寄稿(『経済と社会』)にとって、その方法的な基礎づけに役立つはずであり、その論稿の他の部分は、おそらく別途に適宜出版されよう」(WL：427＝海老原・中野訳：6-7)。シュルフターによれば、「経済と秩序」章にはヴェーバーがシュタムラーと交わした論争の痕跡がみられ、したがって「経済と秩序」章も、カテゴリー論文の第二部と同様「かなり前にすでに書かれていた論稿」の一部であるとされる。

　さらに注目すべきは、「経済と秩序」章を「教科書的な」ものとして寄稿したこの著者が、法学的(法教義学的)な考察方法と対比される社会学的(経験的)な考察方法を、読者がすでに知っているものとして〔この章の〕前提としていることである。この前提にもとづいて、法秩序や経済秩序にたいして社会学的な考察方法が適用されているのである。ヴェーバー独特の概念である〈諒解〉が経済秩序に適用される箇所では、その概念規定はなんらなされていない。さらに、そのつぎのパラグラフでは、法秩序の妥当が、合理的秩序一般の妥当のうちの(〈強制装置〉によって保障される)特殊ケースとして論じられるが、そこで著者は、その直前に置かれるはずの一般的なケースにかんする叙述を指示している。それは前出参照指示 Nr. 1、2、3からはっきりと分かるし、「われわれの一般的な定義」という表現からも読み取ることができる。いずれのばあいも著者は、読者がすでに知っていることをここでも前提としている (WuG：182＝厚東訳：491、世良訳、法：5-6)。ところが、一般的なケースにかんする叙述であれ定義であれ、それはもっぱらカテゴリー論文のⅤ節にしか見いだされない (WL：443-445, 452, usw.＝海老原・中野訳：51-55, 74-75 など)。

　このようにしてヴェーバーは、人間行動の現実的な一規定要因としての(客観的および主観的)法という社会学的な概念を獲得した。これは同時に、それまで法学が自明のものとしてきた「国家によって保障された法」を相対化するものである。さらにそれは、国家以前の法だけでなく、法以外のさま

ざまな社会的秩序（慣習律 Konvention と習俗 Sitte）や、それらを革新してゆく勢力にいたる、より包括的な歴史的展望を開くものでもあった。このようにして初めて、「経済と秩序」章では法と経済を、さらに「経済と社会一般」章ではゲマインシャフトと経済を、〔それぞれ〕共通の経験的・社会学的平面で論ずることが可能となったのであり、このようにして初めて、それら〔=法（やゲマインシャフト）と経済〕の間の原理的な関係を問い（Orihara 1994c；1994d；1995b）、「経済の展開を、とりわけ生活の一般的合理化のひとつの部分現象として」（Weber 1914：Ⅶ）把握することが可能となったのである。

　「経済と社会一般」と「経済と秩序」の二つの章が相互に連関していることは、以下のようにして証明できる（Orihara 1995b：13-15）。

1．「経済と社会一般」章の冒頭でヴェーバーは、経済に社会学的な考察方法を適用し、〈経済行為 Wirtschaften〉を、財とサービスの準備が相対的に稀少である事態に意味の上で準拠した行為と規定している（WuG：199＝厚東訳：528-529）。ところで、当の社会学的な考察方法自体は、この箇所で読者がすでに知っているものとして前提されているが、それは、「経済と秩序」章で法学的な考察方法と区別して導入されている。

2．逆に「経済と秩序」章では、〈経済行為〉という術語が、「経済と社会一般」章までなお未規定のまま留保されているように思われる。「経済と秩序」章の第二パラグラフでヴェーバーは、「社会経済学は、……『経済的な事態』に準拠せざるをえないという必然性に制約された、事実としての人間の行為を、事実としての連関において研究する」と記している。さらに、法が経済を「制約する」とともに、その制約には限界があることを論じた第20パラグラフでは、「経済的な行為 wirtschaftliches Handeln」を二回、「経済的行為 Wirtschaftshandeln」「経済的な行動 wirtschaftliches Verhalten」「経済上の行為 ökonomisches Handeln」をそれぞれ一回用いている。かりに「経済と秩序」章が〈経済行為 Wirtschaften〉の定義を先行与件としていたなら、これらの不正確でやや素人じみた代替語の類を用いずに、一貫して〈経済行為〉という術語で通すことができたはず

であろう。

3. ヴェーバーは「経済と社会一般」章の第五パラグラフで、独占的閉鎖化の問題に触れて、〈利害ゲマインシャフト Interessengemeinschaft〉がつぎのような傾向をもつことを強調している。すなわち〈利害ゲマインシャフト〉は、協定または欽定によって秩序を制定し、さらにこの秩序を「ばあいによっては実力を用いて」(WuG：201＝厚東訳：532)、すなわち〈強制装置〉を用いて貫徹する「機関」をつくり出すことによって、「法ゲマインシャフト」へとゲゼルシャフト結成される傾向である。しかし、この論点は「法」の社会学的概念を前提としており、これは、「経済と秩序」章の第三パラグラフから第五パラグラフにかけて規定されている。

4. 経済とゲマインシャフトとの原理的な関係は、人間行為の相対的に固有法則的な領域である両領域間の相互的な選択的親和性の関係であるというヴェーバーのテーゼは、「経済と社会一般」章の第四パラグラフで定式化され、以下、同章の終わりまで、後続の内容的な諸章での適用にそなえて、いくつかの歴史的な例を挙げて説明されている。ここには、シュタムラーにたいする積極的な批判が含まれている。論理的に考えて、この積極的批判は、「経済と秩序」章の第九パラグラフから第14パラグラフまでに要約されている、シュタムラーへの消極的批判の後に置かれなければならない。

5. 経験的な学科である社会学は、教義学的な学科である法学から、「国家」や「ゲノッセンシャフト」など、さまざまな社会形象を表す概念を借用した上で、ふたつの学科が本質的に異なるという点を顧慮して、諸概念を根底から改造しなければならない。そのかぎりで社会学と法学との関係は、社会学と経済学との関係と比べ、はるかに大きな問題を含んでいる。それは、経済学であれば、経済を比較的容易に〈経済行為〉として扱うことができる、すなわち、「意味上の方向づけ」の内容だけが特定されている行為領域として、はじめから経験的平面で扱うことができるからである。したがって、はじめに法学と取り組むことによって社会学の平面を確保し、その後で経済行為を規定するのが、目的に適っているし、

教科書にふさわしいやり方でもあろう。

6. 以上から明らかなように、「経済と社会一般」と「経済と秩序」のふたつの章は、「内容的諸研究、とりわけ、……寄稿（『経済と社会』）にとって、その方法的な基礎づけに役立つはず」とされた、「かなり前にすでに書かれていた論稿」の「他の部分」にまず間違いない。戦前草稿の内容的諸章のための旧い頭を構成する、これら三つの要素〔カテゴリー論文の「第二部」、「経済と秩序」章、「経済と社会一般」章〕を切り落としてしまうならば、戦前草稿は「頭のないばらばらの（五）肢体部分」に解体されてしまう。

　もちろん、ヴェーバーがカテゴリー論文を公表したのは、1913年、それも『ロゴス』誌上である。しかしだからと言って、ヴェーバーが、『社会経済学綱要』へ同論文を寄稿する計画をすでに棄ててしまっていたことにはならない。むしろそれは逆なのである。その証拠は、1914年の構成表にある、1.［-2］「経済と法の原理的関係」と、1.［-3］「団体の経済的関係一般」というふたつの内容項目である。これらは文字どおり、「経済と秩序」章と「経済と社会一般」章の内容を表している。この事実が意味するのは他でもない、ヴェーバーが、ふたつの章およびこれらに密接に関連したカテゴリー論文を、『社会経済学綱要』への寄稿というかたちで公刊する意図を、1914年の時点でもなお棄てていなかったということである。

　もとよりヴェーバーは、すでに引用したように「他の部分は、おそらく別途に適宜出版されよう」と書いている。この書き方は、ふたつの章が『社会経済学綱要』への寄稿として公刊される可能性を排除しているとも読める。しかし「別途に」という言葉を、「このロゴス誌とは別の場所で」という意味に理解すれば、『社会経済学綱要』への寄稿のなかに収録することもありうると読める。これには、間接的な証拠がある。ヴェーバーは、すでに新聞紙上や雑誌上で公表していたプロテスタンティズムにかんする諸論文や儒教研究を、改訂を加えたとはいえ、その核心については変更を加えずに、のちにふたたび、自分の『宗教社会学論集』に収めて公刊しているのである。

V. カテゴリー論文の「第一部」

　しかし、たとえこのようにカテゴリー論文の「第二部」が戦前草稿の頭であることをはっきりさせたとしても、「第一部」とされるⅠ節からⅢ節までは、どのように扱えばよいのであろうか。この問いに答えを与えるためには、ヴェーバーがカテゴリー論文を1913年にロゴス誌上に公表した理由となる、彼の基本的動機を解明しなければならない。

　そのためには、本来ならば作品史的に重要な資料が『マックス・ヴェーバー全集』Ⅱ/8巻（1913-14）に収められて公刊されるのを待つべきであろう。しかしそれでもひとつの仮説を述べるとすれば、それは以下のような考察を根拠としている。筆者は、「第一部」がカテゴリー論文の公表直前、すなわち1913年に、「第二部」への前置きとして書かれたものであると考える。次の〔四つの〕事実がその根拠である。第一に、第一部の用語法と第二部のそれとのあいだに違いがあること。第二に、1912年から1913年にかけて書かれた「宗教社会学」を前提とする例が挙げられていること（Orihara 1995a: 51-53）。第三に、この例が置かれている文脈。第四に、ヴェーバーが〔「第一部」の〕末尾に記した文が、「第二部」で展開されるカテゴリー論への導入として書かれているばかりではなく、戦前草稿全体の内容的諸章と形式的な基礎カテゴリー群との方法的な連関についても、指示を与えているという点である。

　第三と第四の論点について述べると、ヴェーバーは、「第一部」のなかで彼の理解社会学の方法的な礎石を据えている。理解社会学は、心理学からも法学からも独立した、社会科学の新しくかつ根本的な一学科を表している。それは、人間の行動およびその所産にのみ特有な「理解できるように解明する可能性 verständliche Deutbarkeit」から出発する。したがって、理解社会学に特有の対象とみなされるのは、「行為 Handeln」、すなわち、主観的に思念された意味によって特定され、外的あるいは内的な「対象」に向けられる、人間の行動である。ここで行為者が、自分自身がその目的に適合的であるとみなす

手段に主観的に合理的に準拠し（主観的「目的合理性」subjektive »Zweckrationalität«)、また研究者にも、妥当な諸経験に基づいて客観的にそのようなものと認められる（客観的「整合合理性」objektive »Richtigkeitsrationalität«）ばあい、その行為はもっともはっきりと am deutlichsten 理解できる。

　主観的な非合理性もしくは客観的な非合理性、あるいはその両方を認識し、それらが行動にたいしてどのような帰結をもたらすかを説明することも、完全に目的合理的かつ整合合理的な極限事例で行為がなされるとすれば、それがどのようなものであるかを問い、この問いによってつくられる理念型（「整合型」）を行動の経験的な経過と比較することによって、初めて可能となる。社会学的な解明は、こうした方法を用い、合理的な意味連関から始め、「心理学的にのみ」理解可能な連関をへて、意味とは無縁ではあるが、ともかくも人間の行動の条件や結果として受け入れられるべき、心理的ならびに身体的所与にいたる。この過程で、フロイトの精神分析、ニーチェのルサンチマン論、マルクスとエンゲルスの経済的唯物論によるイデオロギー暴露が、批判的に止揚されている。というのは、これらの「理解心理学」は、行為者には「自認されない」がゆえに気づかれない、その意味で主観的に合理的には準拠されていない諸連関を、利害状況の実践的動因に照らして客観的・合理的に「理解できる」ものとして解明し、そのように説明しようと試みている。しかしそのさい、主観的に目的合理的なものと客観的に整合合理的なものとが、容易に混同される。

　理解社会学が「理解できる説明」を目指すかぎり、有意味に理解できる行為の唯一の担い手である個人は、最小限の単位としてのみならず、最大限の単位としても扱われなければならない。しかし、法学や日常的な思考習慣においては、「国家」や「ゲノッセンシャフト」などの概念が用いられるが、これらの概念は通例、それによって把握されるべき人間の特定種類の協働行為に、「物的形象、あるいは固有の生を営む『人格をそなえた』形象」であるかのような仮象を、ことごとくまといつかせる。この事態にかんがみて、理解社会学は、実体化された社会形象をことごとく、まずは「『理解可能な』行為へ、すなわち関与している個々人の行為へと例外なく……還元し」(WL:

439＝海老原・中野訳：38）なければならない。

　しかし、実体化された仮象を打ち破ることにどれほど意義があろうとも、理解社会学という方法は、この還元のみに尽きるわけではけっしてない。理解社会学は、個々人の行為から出発し、すべての社会形象を人間の特定種類の協働行為として考察する。Ⅲ節の末尾にある以下の文章によって、ヴェーバーは「第一部」を「第二部」と結びつけているだけでなく、これを戦前草稿の内容的諸章とも結びつけている。「日常的によく知られ『慣れ親しまれた』有意味な連関〔＝前者〕が他の連関〔＝後者〕の定義に利用されねばならないし、そのあとで、前者を定義するのに後者が用いられなければならない。……これは、社会学であればすべて避けることのできない運命である。われわれはそのような定義〔＝後者の定義〕のいくつかに立ち入ってゆこう」（WL：440＝海老原・中野訳：41）。

　「日常的によく知られ『慣れ親しまれた』有意味な連関」を用いて定義されねばならない「他の」連関〔＝後者〕に該当するのは、〈ゲマインシャフト行為〉〈ゲゼルシャフト行為〉〈諒解行為〉などの形式的な基礎カテゴリーである。これらのカテゴリーは「第二部」において、「日常的……連関」〔＝前者〕を用いて定義されている。すなわち、「ふたりの自転車乗りの衝突」「宗教的ゼクテ」「ボーリング・クラブ」などの例である。「後者の連関を用いて」定義されなければならない有意味な連関に該当するのは、「家ゲマインシャフト」「村落ゲマインシャフト」「氏族」「種族集団」「市場」「政治ゲマインシャフト（とくに国家）」「階級」「身分」「党派」などの社会的諸形象、さらに、世俗的あるいは宗教的な、また正当的あるいは非正当的な「支配構造」などである。これらは、戦前草稿の内容的諸章で形式的な基礎カテゴリーを用いて定義され、同時に現実の動態に即して把握されている。

　このように「第二部」は、「第一部」および戦前草稿の内容的諸章のいずれとも、文脈的にも体系的にも結びついている。これを切り離してしまうならば、「第二部」が、理解社会学の基礎づけをおこなう「第一部」と、あらゆる実体化を打ち破り理解社会学を広範囲にわたって展開している戦前草稿とを結ぶ結節点であるという、その代替不能な位置価を見失うことにならざるを

えない。また、「第一部」がなければ、「第二部」にある形式的な基礎カテゴリーの意義も、戦前草稿の内容的諸章で基礎カテゴリーが適用されていることも、もはや把握できなくなろう。

いうまでもなく、ヴェーバーがカテゴリー論文を公表したのは、1913年に『ロゴス』誌上においてである。この作品史的な事実をおろそかにすることは許されない。しかし、だからこそなおのこと、ヴェーバーが、戦前草稿にとって体系的にこれほど重要な構成部分を、なぜ『社会経済学綱要』寄稿とは別途に最初に公表したのか、その理由となる、彼の基本的動機を探求しなければならない。

VI. ヴェーバーがカテゴリー論文を1913年『ロゴス』誌上に公表した理由

当初ヴェーバーは、『政治経済学ハンドブック』の方法的基礎づけを「問題設定の目的と論理的性質」という表題で書く計画をもっていた。紙幅の不足から、かなり早い段階でヴェーバーはこの計画を断念しているものの（MWG II/6: 447）、その意図を放棄したわけではないように思われる。

ヴェーバーは、この方法が彼の理解社会学以外にはありえないことを、ますますもって確信していた。ヴェーバーは、自分の理解社会学が、シュタムラーとの論争から得られた「唯物史観の真の克服」であるとともに、「国民経済学」の「方法論争」の真の克服でもあると見なしていたにちがいない。さらに、ヴェーバーはおそらく、自分が社会学者としてテンニースやジンメルらの社会学に対抗するその構想を、『世界宗教の経済倫理』の読者として期待される層も含め、『社会経済学綱領』の読者より広い層にも理解してもらう必要を感じていたはずである。

ここでもう一つ思い出さなければならないのは、「かなり前にすでに書かれていた論稿」が、『社会経済学綱要』への寄稿を方法的に基礎づけるためにのみではなく、より広い「内容的諸研究」の方法的基礎づけにも役立つべきものとされていたことである。すなわち、『世界宗教の経済倫理』にもこれは

適用されるのである。しかし同時にヴェーバーは、もしこの『社会経済学綱要』という叢書が、いまだ確立されざる新しい方法〔＝社会学〕によって統一されることになったら、他の共同執筆者たちが好ましく思わないであろうことを予感していたはずである。

　こうした諸事情のために、ヴェーバーは、カテゴリー論文を『社会経済学綱要』とは別途に、まさに『ロゴス』誌上に公表しなければならないと考えたのである。そうすることによって、ヴェーバー〔自身〕の理解社会学を基礎づけるだけではなく、『社会経済学綱要』の共同執筆者たちが自由に彼の社会学の方法を採用するための、文献上の条件をつくりだすことも可能となった。

　間接的な証拠として、ヴェーバーが、『社会科学・社会政策雑誌』の共同編集者の仕事を引き受けるさいにも、同じようなことをしていたという事実が挙げられる。すなわち、自分自身の議論を、他の共同編集者が明示的に是認している緒論とは明確に区別し、それとともに、自分の論点をいっそう十分に展開しうることを目指したのである（WL: 146〔＝富永祐治、立野保男訳 1998:『社会科学と社会政策にかかわる認識の「客観性」』東京：岩波書店：162］）。

VII. 結語および補遺

　以上の説明によって、ヴェーバーがカテゴリー論文を 1913 年に『ロゴス』誌上に公表した、その基本的動機を理解できるのであれば、同論文が——その「第一部」を含めて——いぜんとしてトルソの頭の役割を果たすものであった、すなわち戦前草稿の内容的諸章にとって不可欠の概念的導入部の役割を果たすものであった、といってさしつかえないだろう。

　したがって筆者は、カテゴリー論文が、旧い頭の一部をなすものとして戦前草稿の冒頭に置かれるのが望ましいと考える。念のためつけ加えると、筆者は、戦前草稿を形式上分割することに反対しているわけではない。規模の大きさからいって、いくつかの巻に分割することは避けられない。しかしだからこそ、分割するさいの基準をいっそうはっきりと定式化しなければなら

ないし、その基準はテキストに内在している統合〔のありかた〕に則ったものでなければならない。

　それぞれのテキストの規模の大小は、分割するさいの基準としては役立たない。たとえば「宗教社会学」は、「等量原則」なる基準にみあう規模を大きく上回っている。「等量原則」を基準にしてしまうと、ヴェーバーの次の重要なコメントと矛盾することになろう。すなわち、「……ゲマインシャフト行為が向けられる内容上の方向性については、この方向性が、ゲマインシャフト行為の特定の構造形態を生み出し、しかもその形態が経済を制約するかぎりにおいてのみ、考察することになる。このようにして設けられる境界は〔したがって論稿の範囲は（折原挿入）〕、明らかに全く一定したものではない durchaus flüssig……」（WuG : 212＝厚東訳：554）。ヴェーバーにとって、ゲマインシャフト行為の内容上の方向性がもっとも意義深く、かつ経済をもっとも深刻に制約する文化領域とは、宗教と支配にほかならない。したがって、宗教社会学と支配の社会学の規模が、他のテキストよりもはるかに大きくならざるをえないというのは、原理的に考えても内容的に考えても、当然なのである。なによりも、戦前草稿を構成する大小それぞれのテキストが、本来、また体系的にみてどこに置かれるべきなのか、すなわちそれぞれの位置価こそが、決定的な基準とされなければならない。

文献

Orihara, Hiroshi, 1993 : Über den „Abschied" hinaus zu einer Rekonstruktion von Max Webers Werk : „Wirtschaft und Gesellschaft", 2. Teil, II. Das Authentizitätsproblem der Voraus- und Zurückverweisungen im Text des „2. und 3. Teils" der 1. Auflage als eine Vorfrage zur Rekonstruktion des „Manuskripts 1911-13", *Working Paper*, Nr. 36, hg. von : The Department of Social and International Relations, University of Tokyo. Tokio.

Orihara, Hiroshi, 1994a : Eine Grundlegung zur Rekonstruktion von Max Webers „Wirtschaft und Gesellschaft"—Die Authentizität der Verweise im Text des „2. und 3. Teils" der 1. Auflage, KZfSS 46 : 103-121.〔＝本書所収、信憑性論文〕

Orihara, Hiroshi, 1994b : Über den „Abschied" hinaus zu einer Rekonstruktion von Max Webers

Werk: „Wirtschaft und Gesellschaft", 3. Teil, III. Wo findet sich der Kopf des „Torsos"?—Die Terminologie Max Webers im „2. und 3. Teil" der 1. Auflage von „Wirtschaft und Gesellschaft", *Working Paper*, Nr. 47, hg. von: The Department of Social and International Relations, University of Tokyo, Tokio.

Orihara, Hiroshi, 1994c: Rekonstruktion des „Manuskripts 1911-13" (Heft 1), *Working Paper*, Nr. 49, Tokio.

Orihara, Hiroshi, 1994d: Rekonstruktion des „Manuskripts 1911-13" (Heft 2), *Working Paper*, Nr. 51, Tokio.

Orihara, Hiroshi, 1995a: Rekonstruktion des „Manuskripts 1911-13" (Heft 3), *Working Paper*, Nr. 53, Tokio.

Orihara, Hiroshi, 1995b: Der Kopf des „Torsos"—Zur Rekonstruktion der begrifflichen Einleitung ins „alte Manuskript 1911-13" von Max Webers „Wirtschaft und Gesellschaft", *Working Paper*, Nr. 57, Tokio.

Schluchter, Wolfgang, 〔1988〕1991: »Wirtschaft und Gesellschaft«—Das Ende eines Mythos, in: Ders.: *Religion und Lebensführung*, Bd. 2, 597-634.〔邦訳あり。「はじめに」文献表参照。〕

Schluchter, Wolfgang, 1998: Max Webers Beitrag zum „Grundriß der Sozialökonomik"—Editionsprobleme und Editionsstrategien, KZfSS 50: 327-343.〔＝本書所収、編纂論文〕

Weber, Max, 1914: *Grundriß der Sozialökonomik*, Abt. Ⅰ, bearbeitet von Max Weber u.a., Tübingen: J. C. B. Mohr (Paul Siebeck).

Weber, Max,〔1922〕1980: *Wirtschaft und Gesellschaft*, hg. von Johannes Winckelmann, Tübingen: J. C. B. Mohr (Paul Siebeck).

Weber, Max,〔1922〕1988: *Gesammelte Aufsätze zur Wissenschaftslehre*, hg. von Johannes Winckelmann, Tübingen: J. C. B. Mohr (Paul Siebeck).

Weber, Max, 1994: Briefe 1909-1910, hg. von M. Rainer Lepsius und Wolfgang J. Mommsen, in Zusammenarbeit mit Brigit Rudhard und Manfred Schön. *Max Weber-Gesamtausgabe*, Abt. II, Bd. 6, Tübingen: J. C. B. Mohr (Paul Siebeck).

Winckelmann, Johannes, 1986: *Max Webers hinterlassenes Hauptwerk: Die Wirtschaft und die gesellschaftlichen Ordnungen und Mächte—Entstehung und gedanklicher Aufbau*, Tübingen: J. C. B. Mohr (Paul Siebeck).

4

「単頭」か「双頭」か――これこそがここでの問題である
――折原浩へのリプライ――

ヴォルフガング・シュルフター 著／鈴木 宗徳 訳

要約：『政治経済学ハンドブック』、のちの『社会経済学綱要』へのヴェーバーの寄稿部分にかんする最近の研究は、戦前草稿と、それにもとづいて書かれた戦後草稿とをはっきり区別しなければならないことを明らかにした。折原浩はこの区別を受け容れはするが、つぎのようなテーゼを提起している。すなわち、戦前草稿は、ひとつに統合された全体とみなしうる、単一のテキストであるというテーゼ（テーゼ1）と、カテゴリー論文および他のふたつの草稿からなる「頭」も、戦前草稿に含まれるというテーゼ（テーゼ2）である。本稿は、これらふたつのテーゼに疑問を呈する。折原が示す証拠の数々は、両義的なものにすぎない。旧稿の構成は、参照指示の構造から完全に推論できるものではないし、カテゴリー論文の用語法が旧稿に適合的な指標であるとも言えない。折原の提起する体系的な議論によっても、戦前草稿がせいぜい相対的に統合されたものにすぎず、1914年の時点でも「頭」はヴェーバーによってこれから形づくられるべきものであったことは、見まがう余地もない。

I. 序

　マックス・ヴェーバーは、1910年から第一次世界大戦の勃発まで、彼が編集責任を引き受け、最終的に『社会経済学綱要』と名づけられた叢書へ寄稿するため、いくつかのテキストを執筆していた。マリアンネ・ヴェーバーとメルヒオール・パリュイによって初めて編纂された『経済と社会』の初版のうち、遺稿からなる「2－3部」が、これらのテキストである。これらのテキストは、数多くの参照指示によって相互に結びつけられている。折原浩は、初めてこれら参照指示のネットワークを構成し批判的に検証するという、大きな功績を生み出したが、そこで彼が尊重したのが、この初版である (Orihara 1994 : 103ff. ＝信憑性論文)。そのさい折原は、十分な根拠を示して、ヨハンネス・ヴィンケルマンによって後から付け加えられたか、もしくは書き替えられた、信憑性のない数多くの参照指示を抜き出し、それ以外はマックス・ヴェーバーの手による、つまり信憑性があることを、少なくとも高い蓋然性をもって証明した。この骨の折れる仕事を通して彼は、マックス・ヴェーバー研究にたいして過小評価してはならない貢献をなしたが、この貢献は『マックス・ヴェーバー全集』にとっても利益となるものである。なぜなら、第一次世界大戦の勃発時にまだ完結しておらず、この間『経済と社会』の――戦後草稿と区別して――戦前草稿として論じられるようになった〔ヴェーバーの〕構想の全貌を明らかにするためには、これらの参照指示が、テキストの内的な連関を再構成し、これによってテキストの配列を確定する、重要な道具のひとつとなるからである。もっとも折原浩は、参照指示を、「戦前草稿」が彼の寄稿論文の副題が語るようにひとつに「統合された全体」であると証明するための、数ある道具のうちのひとつにすぎないとは考えておらず、そのための唯一の道具であると考えている。これは、「戦前草稿」――筆者はむしろ「戦前諸草稿」と言いたいが――はいまだひとつに統合された全体ではないという筆者のテーゼに対立している。したがって参照指示、とりわけ前出・

後出・他出参照指示は、折原浩にとって再構成のための王道であり、折原はこの再構成について、「トルソの頭」つまり「戦前草稿」の冒頭部さえも一義的に確定できると考えている。ただし、すでにここで、トルソがひとつに統合された全体たるべきものかどうか、という疑問が湧く。しかしいずれにせよ、折原の主張する「頭」の配列、つまりカテゴリー論文—「経済と秩序」—「経済と社会一般」(後二者の表題は、1922年のマリアンネ・ヴェーバー編纂の版による)という順序は、納得できないわけではない。筆者自身もしばらく前、少なくともカテゴリー論文は、『経済と社会』の旧稿の前に置かれるべきである、という見解を主張している (Schluchter 1988: 633＝井上訳: 51)。しかしさらに興味深いのは、折原浩がカテゴリー論文の後に配置するふたつのテキストが、彼の考えるように前後に並ぶのか、それとも互いに二者択一をなす代替案なのか、という問題である。「頭」がふたつあるかもしれない、すなわち「単頭」ではなく「双頭」であるとは言えないだろうか。ここで筆者は、とくにこの問題とふたたび取り組むことにし、これを、戦前諸草稿は、折原が詳述しているようなひとつに統合された全体とはやはり見なしえないのではないか、というもうひとつの問題と結びつけてみたい。ちなみに、〔統合された全体という〕この見解はヨハンネス・ヴィンケルマンがすでに抱いており、彼の『経済と社会』編纂はこの見解に決定的に影響されている。

　まずもちろん、折原浩が頭の〔配置にかんする〕テーゼと〔戦前草稿が〕統合〔可能であるという〕テーゼを提起する際に前提としている事柄に、問題がないとは言い難いことを思い起こさなければならない。折原の前提のうち、なかでも三つが重要である。第一に、マリアンネ・ヴェーバーとメルヒオール・パリュイが『経済と社会』の「2-3部」に編入したテキストは、じっさいにすべてが「戦前草稿」に属するという前提である——とくに付言すべきは、当初『経済と社会』から除外されていた「都市」も、「戦前草稿」の一部とされていることである。とりわけ「都市」については、この著作に含めるべきかどうか、文献上決して異論がないわけではない。第二に、前出参照指示だけではなく後出参照指示も、テキストの配列を最終的に決定するのに、なにがしか意味をもつという前提である。少なくとも後出参照指示は、これから書かれるも

のや、これから修正されるものを指示しているばあいもあるから、信頼できるものではない。第三に、マックス・ヴェーバーは複数のテキストを、折原の言葉を借りれば「いつでも相互にそれぞれへの参照を指示しあうかたちで、次第に統合する方向で執筆していた」という前提である。この仮定は、たとえこれだけが〔他の仮定を排除して〕正しいとしたところで、最終段階の統合度について、結論を許すものではない。というのも、校正刷りにまでなお詳細な文章を書き加えるのも、マックス・ヴェーバーの作風にとりわけ特徴的なことだからである。

しかし筆者が問題にしたいのは、これらの前提ではなく、折原がこれらの前提にもとづいて提起する、具体的な作品史的および体系的なテーゼである。これらを相対化したいと筆者は考えるが、それも以下の三つの問いに答えるかたちで行いたい。1. 折原の挙げる例で、参照指示はじっさいに証明すべきことがらを証明しているのか。2. カテゴリー論文の用語法は、じっさいに「戦前草稿」全体で一貫して使われているのか。3. 自分の寄稿部分の構成表を「全巻の構成」の枠内で公表した 1914 年夏の時点においてもなお、ヴェーバーがすでに 1913 年に発表したカテゴリー論文を、彼の草稿全体の先頭に置くことを望んでいたという推論は、納得できるものであろうか。筆者はこれら三つの問いすべてにたいして「否」と答える。ただし、遺されたテキストは完全なものではないため、この「否」を定言的 kategorisch なものと理解してはならないことを、もちろん付け加えておく。

II. 参照指示は決定的証拠ではない

まずは、参照指示の証拠能力について議論しよう。参照指示を用いて、ヴェーバーが 1914 年に計画し、かなりの範囲で実現させたという『綱要』寄稿の全体構造が推測できるというのは、確かだろうか。この叢書は、当初『政治経済学ハンドブック』と名づけられたが（1910 年 5 月）、その後『社会経済学ハンドブック』（1913 年 12 月）、最終的には『社会経済学綱要』（1914 年初

夏）と名称が変更されるまで、何度も延期を重ねた末、1914年の夏に公刊が開始されたことを、思い出されたい。第一分冊の第一部には『経済と経済学 Wirtschaft und Wirtschaftswissenschaft』という表題がつけられ、カール・ビュッヒャー、ヨーゼフ・シュンペーター、フリードリッヒ・フライヘル・フォン・ヴィーザーがこれを担当したが、その公刊に際してマックス・ヴェーバーは、パウル・ジーベックとの取り決めにもとづき、「序言」を書いている。この「序言」には1914年6月2日の日付があり、ヴェーバー自身の寄稿部分が1914年10月に組み版に回され、1915年のうちにはすべてが公刊されると書かれている (Winckelmann 1986: 167)。したがって、そこに書かれている、マックス・ヴェーバーの寄稿「経済と社会的秩序ならびに（社会的）勢力」の構成表――ちなみに他の執筆者の構成表よりも詳細なものである――は、戦前草稿に関して、印刷に回される直前に彼が寄稿の構造をどのように考えていたかについて情報を与える、ヴェーバーの公表された言葉の最後のものであると見なさざるをえない。

まずは、折原浩が言及している「家ゲマインシャフト」、「オイコス」、「家父長制的支配」のあいだの後出および前出参照指示から始めよう。これらの参照指示は、「早い方の」テキストと「遅い方の」テキストとの架橋を証示するものとして挙げられているが、架橋の存在については異論の余地はない。ただ、このばあいにこの種の証拠は必要でないことだけ、指摘しておきたい。筆者は、我々に遺された稿本のうちこれらのテキストが、複数の執筆時期に書かれたものであるとは、一度も主張していない。これらのテキストはおそらく、ヴェーバーがその寄稿を完成するために1912年に着手した新たな〔第二〕局面〔の準備作業〕の成果として、このように形成されたものである。確かに、支配の社会学は1912/13年になってはじめて成立する。それはすくなくとも、書簡のやりとりから推測できる。ヴェーバーは1913年1月にジーベックに宛てた手紙のなかに、彼の寄稿「経済と社会――法と国家を含めて Wirtschaft und Gesellschaft—incl. Recht und Staat」が「社会学的国家論の概説を完成したかたちで」含むものであると書いている (Winckelmann 1986: 30) し、1913年12月30日には、「包括的で社会学的な国家論および支配論」を〔含む

ことを〕ジーベックに予告している (Winckelmann 1986: 36)。これとは異なり、「家ゲマインシャフト」と「オイコス」を扱ったもともとのテキストの由来は、じっさいにはずっと早い執筆時期にまで遡るかもしれず、それは、ひょっとしたらずっと前の、『政治経済学ハンドブック』のための「題材分担案」〔1910 年〕が形づくられたのと同時期とさえ考えられるかもしれない。しかし、すべて思い違いでなければ、これらのテキストは第二の執筆期に、つまり支配の社会学の構想との関連で手を加えられ、形を変えている。これは、上述の書簡の最初の部分を読むだけで、すでに明らかである。そこにはこう書かれている。「ビュッヒャー〔が書いたもの〕──「発展段階」──はやはりまったく不十分なので、私が、まとまった理論と叙述 geschlossene Theorie und Darstellung を仕上げました ausgearbeitet。それは、多くのゲマインシャフト形態を経済と関係づけるもので、家族や家ゲマインシャフトから、経営、氏族、種族ゲマインシャフト、宗教……をへて、最後には包括的で社会学的な国家論および支配論へといたるものです」(Winckelmann 1986: 36)。カール・ビュッヒャーは自分の草稿をすでに 1913 年 1 月に引き渡しており、「まとまった理論と叙述」は、特に彼の草稿に反応してうまれたのである。この「まとまった理論と叙述」が比較的統合されていたことは、これまで誰も疑ってはいない。したがって、書簡のなかで挙げられたテーマが相互に絡み合うなかに前後参照指示が存在することは、驚くに値しない。しかし、書簡とて同様であるが、前後参照指示を用いるだけでは、草稿の大まかな構造を帰納的に推論することしかできない。

　これが正しいことは、折原が援用する「都市」と「家父長制的支配」とのあいだの参照指示を検討すれば、とくにはっきりする。すなわち、『マックス・ヴェーバー全集』のうちの「都市」部分を編纂しているヴィルフリート・ニッペルは、われわれに遺された稿本が時間的にも内容的にもさまざまな層を含んでいるため、この草稿〔＝「都市」〕をヴェーバーの「戦前草稿」に統合的に組み入れられるものかどうか、まったく確信を持っていない。折原浩と同様、ニッペルも参照指示について議論しているが、彼が行う簡潔な定式化は教えるところが多い。ニッペルはこう書いている。「参照指示は 40 箇

所以上あり、その大半は、この『都市』テキスト内部で解決される〔内部に被指示箇所が見いだせる〕。しかし少なくとも三つの参照指示については、初版『経済と社会』のいっそう古い部分に被指示箇所があるとして解決するのが最も容易である。さらに他に三つ、被指示箇所を判定できない参照指示がある。また、初版『経済と社会』の別の箇所にある参照指示――『後に論及されるべき、イタリアにおける門閥とポポロ・グラッソとの融合』――は、この作品の他の部分から『都市』の参照を指示したものと解される。ただしもとより、ヴェーバーがこれらの参照指示を書き込んだ時点で、どのようなテキストの状態、どのような配列を念頭においていたのか、これは一義的には再構成されず、なお考慮されるべき問題として残される」(MWG I/22-5: 47, 強調はシュルフター)。

　さてこれは、この〔「都市」の〕参照指示だけではなく、草稿内部で完全に解決できる性質のものではないすべての参照指示に当てはまる問題である。参照指示は、配置問題を解くための曖昧なてがかりを与えるにすぎない。折原浩は、時間的配列と体系的配列とを区別する必要性、このようなプロジェクトのばあいはいつでも、体系的配列を優先させて探求する必要性を強く主張している。この主張にはもとより賛成できるが、だからこそ、著者が、四年以上かけて執筆したテキストを、最終的にことごとく統合しようとは欲しなかったという可能性も、排除してはならない。その上著者は、自分のプロジェクトをとりまくコンテキストが変化してゆくのにも、きっと反応していたであろう。しかもこれは、たんに推測できるだけでなく、じっさいにそのとおりだったと証明できる。マックス・ヴェーバーは、カール・ビュッヒャーのばあいに限らず、共同編集〔執筆〕者の寄稿にたいして反応していた。これは、特に共同編集者たちに宛てた1913年12月8日付のヴェーバーの書簡から、明らかである。そこにはこう書かれている。「他にいくつもあるなかで、(草稿の：シュルフター註) 提出がばらばらで、とりわけ、いくつかのとくに重要な寄稿〔複数形に〕注意！〕がほぼ完全に欠けているのは、きわめて遺憾な結果です。そのうちのいくつかには代役を見つけることがおよそ不可能なので、他の方法を用いてこの叢書の水準を保ち、かつ独自性を高めるために、

他の、私にとってはずっと重要な「経済と社会」篇の仕事を犠牲にして、この叢書のため、かなり包括的な社会学的論稿を提供したほうがよいと考えました。これは、こうした事情がなければこのようなかたちではけっして引き受けなかったであろう課題です」(Winckelmann 1986: 158, 強調はシュルフター)。この、かなり包括的な社会学的論稿がこの時点でどのようなものであったかは、同じ月に書かれた、先に引用した書簡が示すとおりである。

ところで、ヴェーバーが用いる例や引用は、配置問題を解くためにはまったく役に立たない。当時ヴェーバーは、数年をかけて、後からさまざまな脈絡で用いることになる〔例や引用の〕一連のレパートリーを作り出していた。前出参照指示 474〔＝理念を伴わない合理化の進行〕と同じ箇所に、繰り返して何かを覚えるという例〔＝九九や法技術〕が挙げられているからといって、そこから導き出せることはほとんどない。このばあい、挙げられている例を前出参照指示とはまったく関係なく、述べられた事態に説明を加えるものであるかのように読むことも可能なのだから、なおさらである。こじつけることはいくらでもできる。つまり参照指示の大半は一義的ではない、ということである。いずれにせよ参照指示は、決定的な証拠をえるための道具にはならない。

III. カテゴリー論文の用語法も、それ以上に決定的な証拠ではない

ところで筆者は、たった今述べた参照指示が戦前草稿とカテゴリー論文の架橋をなすことを、むろん否定しようとは思わない。1913 年のカテゴリー論文と 1920 年の「社会学の基礎概念」との関係について折原浩が述べることには、議論の余地はないし、筆者も完全に同意する。さらに、カテゴリー論文の「第二」の部分、つまり古い方の部分が、直接、ひとつひとつの戦前草稿、とくに「経済と秩序」とテキストの上で関連していることも疑いえない。これは、それぞれ文献学的、作品史的、体系的な観点からみて、妥当する (Schluchter 1998: 338f.=編纂論文: 63)。しかしこのばあいも、事態はけっして一義的ではなく、むしろ極度に見通し難くさえある。

さしあたり筆者にとっても疑いないのは、カテゴリー論文の概念が、戦前草稿のいたるところで用いられていることである。しかし、すべての概念がそうだろうか。もしそうでないとしたら、それはどの概念か。〈ゲマインシャフト行為 Gemeinschaftshandeln〉や、その特例であり、たいてい〈合理的〉と形容されている〈ゲゼルシャフト結成 Vergesellschaftung〉、さらにこれらと結びついた〈ゲマインシャフト Gemeinschaft〉〈ゲマインシャフト形成 Vergemeinschaftung〉〈〔ゲゼルシャフト結成の目的の範囲を〕超え出るゲマインシャフト形成 übergreifende Vergemeinschaftung〉〈ゲゼルシャフト行為 Gesellschaftshandeln〉などの諸概念は、いたるところに見いだされる。しかし〈諒解行為 Einverständnishandeln〉〈諒解ゲマインシャフト Einverständnisgemeinschaft〉のような概念も、いたるところにあると言えるだろうか。まして〈〔ゲゼルシャフト結成の目的の範囲を〕超え出る諒解行為 übergreifendes Einverständnishandeln〉や、〈合法性諒解 Legalitäts-Einverständnis〉および〈正当性諒解 Legitimitäts-Einverständnis〉、あるいは〈目的結社 Zweckverein〉のような概念についてもそうだと言えるのか。つまり別の問い方をすれば、カテゴリー論文の概念装置はいたるところで十全に用いられているのだろうか。したがって、『綱要』寄稿にたいするカテゴリー論文の最終的な位置づけについて根拠のある説を立てたいのであれば、カテゴリー論文を「社会学の基礎概念」に対比させるだけでは不十分である。はるかに重要なことは、カテゴリー論文の概念装置全体が、すべての戦前草稿のなかで用いられているかどうかを探り出すことである。

　マックス・ヴェーバーがみずから語り、折原浩も正しく述べているとおり、カテゴリー論文はふたつの部分から成り立っている。ヴェーバーがこのふたつの部分をどこで区分けしたかは、いぜんとして完全には明らかでないが、これについては、筆者は折原のつぎの解釈にしたがう。彼の解釈によれば、遅い方の時期、おそらく1913年に書かれた第一部はⅠ節からⅢ節までで、早い方の時期、おそらく1910年に書かれた第二部はⅣ節からⅦ節までである。第二部では、ヴェーバーが〔冒頭の註で〕述べているとおり、「シュタムラーが『言うべきであったはず』のことを示すために、その一部を展開させた」（Weber 1988: 427＝海老原・中野訳: 6）諸カテゴリーが扱われている。いくつか

の草稿ではこれらのカテゴリーはわずかの役割しか演じておらず、少なくともそこでは、カテゴリー論文で細かく分けて展開される諸概念が、ひとつひとつにいたるまで現れてはいない。ここから考えうるのは、こうしたいくつかの草稿は、1910年以前に成立し、それ以上書き換えられなかったか、あるいは、これらの〔カテゴリー論文の〕諸概念がすでに規準としての機能をふたたび失ってから書かれたかの、いずれかであろう。もしこれらのテキストが非常に早い時期に成立していたのであれば、明らかに「題材分担案」の改訂との関連で、まずもってカテゴリー論文の概念水準にまで高められなければならなかったはずであるし、もしこれらのテキストがもっと遅くに書かれたか、あるいは改訂されたのであれば、すでにこの「水準」からふたたび離れてしまっていただろう。もちろん、これについて確かな情報をえようと思えば、この観点からすべてのテキストを正確に分析するほかはなかろう。そこで、筆者はさしあたり、折原浩が中心的に扱い、彼がなるほど体系的な根拠をもって配列をおこなったふたつのテキスト、「経済と秩序」と「経済と社会一般」だけに筆者の推測を限定するとしよう。

幸運にも「経済と秩序」は、〔原草稿が「法社会学」篇とともに保存されているため〕最初に書かれた状況を文献学的に検証することができる。すなわち、「経済と秩序」にはふたつの稿本があり、第二の稿本は第一の稿本を基礎として、その上に構成されている。さらに第二の稿本は、第一の稿本とは異なり、カテゴリー論文の諸概念が十全に組み込まれている。この点は、ヴェルナー・ゲッファートが担当している『マックス・ヴェーバー全集』版当該テキストの編纂〔報告〕によって示されるであろう (MWG I /22-3)。その発見事項は、つぎのように説明できるだろう。もともとのテキストはシュタムラーとの論争から生まれたが、この論争は、周知のとおり「題材分担案」を仕上げるはるか前の1907年に開始されている。その後このテキストは、カテゴリー論文の第二部に沿って概念を改訂した後、〔1910年題材分担案では〕「経済と社会」という表題であったヴェーバーの最初の叢書寄稿のなかに取り入れられる (Weber 1988 : 427=海老原・中野訳: 6)。かくしてこのテキストは、ヴェーバー自身によりカテゴリー論文の第二部から切り離された状態で、遺稿のなかに発見され

た。おそらくは同じくらい早い時期のものであろう他のいくつかのテキストにも、カテゴリー論文の諸カテゴリーが、同様に徹底して貫かれている。「政治ゲマインシャフト」や「階級、身分、党派」がそうである。しかし「経済と社会一般」テキストには、これが同程度にあてはまるわけではない。また、たとえば、家ゲマインシャフトや、ヴェーバーが〈経営〉や〈オイコス〉への発展につながるものとする、家ゲマインシャフトの内外からの解体を扱ったテキストにもあてはまらない。そこには確かに、同じように〈ゲマインシャフト行為〉や〈合理的ゲゼルシャフト結成〉への言及はあるが、そのほかのカテゴリー、とくに〈諒解行為〉と〈諒解〉を含む複合語を探しても無駄である。ヴェーバーがカテゴリー論文ではこれらの概念を用いて把握していた、同じ諸現象が〔そこでも〕扱われているにもかかわらず、である。したがって折原が想定するように、カテゴリー論文が、遺された戦前草稿のすべてにとってじっさいに同じ役割を演ずるものかどうか、いっそう正確に検証する必要があろう。

IV.「単頭」か「双頭」か——したがってこれこそがやはり問題である

　以上述べたことは、さらに研究を行わなければ明らかとはならない。もし筆者の推測が正しければ、以上に述べたことはさらに、「経済と秩序」および「経済と社会一般」の両テキストが、前後に並ぶものなのか、あるいは、どちらかがヴェーバーにとって自分の寄稿の冒頭を飾るにふさわしい代替案であったのか、という問題に、光を投げかけるであろう。折原浩が両テキストを前後に配列する根拠として提起する体系的な議論は、確かに印象深いし、1914年構成表を引き合いに出すことも、確かにある程度までは折原の立場を補強している。しかし、それ以外にもよく考えなければならない問題がある。マックス・ヴェーバーは、1914年の夏に「諸団体の経済的関係一般」〔1914年構成表の項目〕を体系的な観点から扱うにあたって、果たしてなお「経済と社会一般」という簡潔なテキストでじっさいに満足していたのか。また、そもそ

も経済行為 Wirtschaften にかんする彼の社会学的諸カテゴリーは、〔「経済と社会一般」の〕どこにあるというのか。最終的には、1914年の段階でやはり、経済的秩序および経済的勢力と、他の社会的秩序および社会的勢力との関係が、それぞれの固有法則的な合理化という観点から問題とされるべきだったろう！

この問題に——もとより思弁的ではあるが——答えを与える前に、筆者には折原浩が——彼のみではないが——脈絡を誤解していると思われる点を指摘しておきたい。折原は、マックス・ヴェーバーがカテゴリー論文を、すでに公表したにもかかわらず、自分の『綱要』寄稿の方法的概念的導入部として、1914年にもう一度用いたかどうか、という問題に触れている。ヴェーバーが、同じテキストを二度にわたって公表するのをはばからなかったことは疑いないし、そのばあい、たいていは改訂を加え、かなり増補している。ヴェーバーは1914年、じっさいにカテゴリー論文をこのように増補改訂するつもりだったのかもしれない。現在の資料の状態ではこれは知る由もないが、知りうることがひとつある。折原浩が推測するとおり、1910年の「題材分担案」に定式化されている、この叢書の「問題設定の目的と論理的性質」を明らかにするという課題を、カテゴリー論文の第一部が少なくとも部分的にはじっさいに実現しているのであれば、どう考えても、ヴェーバーはカテゴリー論文を『綱要』寄稿には用いなかったことになる。というのは、すでに引用した『綱要』の「序言」に、「社会科学の体系的認識論」は、「物質的経済的文化社会学」と同じく、とくにそのための別巻を用意しなければならない、つまり『綱要』寄稿の他のテキストからは切り離す、と書かれているからである。したがって、折原がその頭‐統合理論をそのままのかたちで維持しようと思うのであれば、カテゴリー論文の第一部が、まさしく1910年と1914年にもくろまれた社会科学の認識論ではないと考えざるをえないことになってしまう。

ともかく、ヴェーバーが1914年の時点で、カテゴリー論文、「経済と秩序」、「経済と社会一般」という問題の三テキストをこの順序で配列し、その核心は変更せずに印刷に回したとは筆者には考えにくいが、それはどうして

か、という問題に戻ろう。先に述べたとおり筆者のこの推測は思弁的な性質のものではあるが、そう推測させるものとはいったいなにか。「全巻の構成」が公表される前、ヴェーバーの寄稿の提出期限の六ヶ月前にあたる 1914 年 4 月 2 日に、彼はパウル・ジーベックに宛てた手紙にこう書いている。「そこで私は、帰宅したらすぐに、自分の仕事の三回目の改作をおこないます。そして、浩瀚な章をひとつ付け加えなければなりません」(Winckelmann 1986: 38)。三回の改作とはなんであり、浩瀚な章とはどれであろうか。

　草稿の「提出がばらばら」で、そのいくつかが欠けていたため、すでに 1910 年 5 月以降の第一期に〔編集の〕遅れが生じており、それが提出期限をなんども延期するという事態を招いていた。この遅れを理由に、1912 年にマックス・ヴェーバーが彼の寄稿を準備する新たな〔第二〕局面に入ったことは、すでに述べておいた。この「彼の仕事の一回目の改作」によって生まれた成果が、おそらく支配の社会学であろう。1913 年 1 月にカール・ビュッヒャーがその草稿を引き渡すが、これを不十分と考えたヴェーバーは、自分の寄稿部分の二回目の「改作」を行う。この二回目の努力の成果として生まれたなかでもっとも重要なものが、おそらく宗教ゲマインシャフトにかんする章であろう。このテキストを編纂したハンス・G・キッペンベルクによれば、このテキストのなかには 1913 年以降に公表された表題がひとつも現れないことが、証明できる (MWG I /22-2, 編纂報告 Editorischer Bericht)。1914 年の春、ついにフリードリッヒ・フライヘル・フォン・ヴィーザーが、「社会経済学の理論」にかんする草稿を期限遅れで引き渡した。マックス・ヴェーバーはこの寄稿にも失望した。ヴェーバーによれば、ヴィーザーは重要な社会学的問題を扱っていなかった。それが理由で、ヴェーバーはみずから経済行為 Wirtschaften にかんする社会学的な諸概念を彫琢することになったというのが、もっとも自然な推論であろう。しかしこの種のテキストを、しかも「浩瀚な章」のかたちで「戦前草稿」のなかに探しても、無駄である。するとこのようなテキストは、1914 年には存在していなかったのか。存在しなかったと結論づけるのが自然ではあるが、それは性急すぎるかもしれない。ヴェーバーは 1919 年もしくは 1920 年に、このテキストを浩瀚な旧稿から切り離し、自

分の『綱要』寄稿の新版第二章を書くために利用したとは、考えられないだろうか。この章の表題が「経済行為の社会学的基礎カテゴリー［基礎概念ではない］」であるのは、偶然だろうか。じっさいにこのテキストが、もともとスケッチ段階では戦前草稿の一部であったのなら、ヴェーバーは、「頭」を新しくつくる体系的な理由を持っていたことになる。ただし、それが1914年構成表の枠内であったか、それを超えるものであったかについては、断はくだすまい。

　こうした思弁をどう評価するにせよ、次の考えだけは、思弁抜きにもほぼ否定し難いように思う。すなわち、第一次世界大戦の勃発時には、『綱要』寄稿の「頭」はまだ最終的には形成されておらず、戦前草稿の統合はかなり進んではいたものの、まだひとつに統合された全体とはなっていなかった。したがって、〔『経済と社会』〕「2部」のテキストを配置するさい、マリアンネ・ヴェーバーが冒頭に「経済と社会一般」を置いたのには十分な理由があったし、同様にヨハンネス・ヴィンケルマンが冒頭に「経済と秩序」——もとより彼は表題を〔「経済と社会秩序」に〕変更したが——を置いたのにも、十分な理由があった。しかし、両者とも——〔「社会学の基礎概念」を「頭」とする〕間違った理由にもとづいていたにせよ——カテゴリー論文をふたたび組み入れることはしなかった。そうすることによって彼らは、カテゴリー論文を『綱要』とは別途に公表したヴェーバーの決定を、ともかくも尊重したことになる。ヴェーバーがこれをある種の準備的な公表と考えていたとしても、それを示す証拠はなにもない。『マックス・ヴェーバー全集』も、その編纂が解釈ではなく文書としての記録を旨とする以上 (Schluchter 1981: 4ff.)、このヴェーバーの決定を尊重しなければならない。ただし、それはそうと、読みやすさという理由からカテゴリー論文を戦前草稿の前に置くのが望ましいであろうという見解には、いささかも変更はない。読書版、学生版は、やはりじっさいにそうすべきである。しかし、配置問題にいかなる決定がなされようとも、「頭」問題にも「胴体」問題にもすっきりした解決方法は存在しない。それどころか、遺された戦前草稿のうち、どの部分が1914年の『綱要』寄稿で、どの部分がそれ以外なのかという範囲の問題に答えようとするばあいでさえ、そうである。

文献

Orihara, Hiroshi, 1994: Eine Grundlegung zur Rekonstruktion von Max Webers ‚Wirtschaft und Gesellschaft'—Die Authentizität der Verweise im Text des ‚2. und 3. Teils' der 1. Auflage, KZfSS 46: 103-121. 〔＝本書所収、信憑性論文〕

Schluchter, Wolfgang, 1981: Einführung in die Max Weber-Gesamtausgabe, in: *Prospekt der Max-Weber Gesamtausgabe*, Tübingen: J. C. B. Mohr (Paul Siebeck).

Schluchter, Wolfgang, 1988: ‚Wirtschaft und Gesellschaft'—Das Ende eines Mythos, in: Ders.: *Religion und Lebensführung*, Bd. 2, 597-634. 〔邦訳あり。「はじめに」文献表参照。〕

Schluchter, Wolfgang, 1998: Max Webers Beitrag zum „Grundriß der Sozialökonomik"—Editionsprobleme und Editionsstrategien, KZfSS 50: 327-343. 〔＝本書所収、編纂論文〕

Winckelmann, Johannes, 1986: *Max Webers hinterlassenes Hauptwerk: Die Wirtschaft und die gesellschaftlichen Ordnungen und Mächte. Entstehung und gedanklicher Aufbau*, Tübingen: J. C. B. Mohr (Paul Siebeck).

Weber, Max, 1988: *Gesammelte Aufsätze zur Wissenschaftslehre*, 7. Aufl., Tübingen: J. C. B. Mohr (Paul Siebeck).

Weber, Max, 1999: *Wirtschaft und Gesellschaft. Die Wirtschaft und die gesellschaftlichen Ordnungen und Mächte. Nachlaß*. Teilband 5: Die Stadt, hg. von Wilfried Nippel, Tübingen: J. C. B. Mohr (Paul Siebeck).

5

「双頭の五肢体部分」は容認できるか
―― シュルフター・リプライへの反論 ――

折原 浩

　現代ドイツにおけるマックス・ヴェーバー研究の最先端に立ち、『マックス・ヴェーバー全集』編纂者のひとりとして『経済と社会』の作品史的研究を導いてきたヴォルフガング・シュルフターが、『ケルン社会学・社会心理学雑誌』の編集者として、拙稿を受理し、編集委員会で推挙し、みずから独文添削の労を惜しまれなかった上、リプライまで寄せてくれた好意とフェア・プレーに、まずは深く感謝したい。かれのリプライは、『経済と社会』(旧稿) の再構成に向けての研究に、本質的な問題を提起している。以下、このリプライに示された拙論への批判に、もっぱら学問的真理を規準として、できるだけ鋭く反論したい。そうすることがかえって、かれのフェア・プレーに応え、ヴェーバー研究に寄与するものと確信する。リプライの節立ては、I．、II．、……として踏襲し、見出しは筆者が付け換える。なお、(n) のあと一字下げて小字で組んである部分は、シュルフターによる折原批判の要約である。

I. 統合捏造と統合放棄との同位対立に抗して

　この緒言で、シュルフターは、筆者の議論がつぎの三つの前提の上に立つとし、それぞれに批判を加えている。

【1】　折原は、「マリアンネ・ヴェーバー編初版『2-3 部』に収録されたテキストはす・べ・て・『綱要』寄稿に属する」との前提の上に立っている。この前提にたいして、シュルフターは、「都市」篇を例に挙げて疑義を呈する。

　しかし筆者は、そうした命題を、なにも前提としてきめてかかったのではない。むしろ当該テキストが、『綱要』寄稿（「1910-14 年戦前草稿」「旧稿」）最終段階の構成を示す「1914 年構成表」（以下「¹⁴表」と略記）と正確に対応している事実を、テキスト全 826 段の論点と「¹⁴表」項目との照合をとおして確認している。ここでは詳細に立ち入る余裕はないが、いずれ『ヴェーバー「経済と社会」の再構成――全体像』にまとめる予定で、途上の試論はすでに部分的には発表している[1]）。

　現時点でも、「都市」の『綱要』寄稿への編入 - 統合は、信憑性論文と別稿「『合わない頭をつけたトルソ』から『頭のない五肢体部分』へ」（『マックス・ヴェーバーの新世紀』、未來社、所収）で、①（前後参照指示ネットワークにより）文献批判的に、②（内容上の関連 - 位置価から）体系的に、論・証・し・え・たと考えている。もしこれが正しく、シュルフターが好例として挙げる「都市」篇さえ、『綱要』寄稿に統合されているとすれば、他のさほどでもないテキストは、いよいよもって「然り」といえよう。なるほどかれは、後段で、「都市」分巻の編者ニッペルの懐疑的結論を引用している。しかし、後述のとおり、筆者には、この結論自体、直前の具体的証拠から引き出されるべき帰結を曖昧にし、問題を棚上げにしただけのものと思われる。

【2】 折原は、前出参照指示のみでなく、後出参照指示も、テキスト配列の確定的指標たりうるとの前提の上に立っている。しかし、少なくとも後出参照指示は、その後書かれるべき内容を指示しておくために挿入されたかもしれないから、テキスト配列を決める確定的規準とはなりえない。

　しかし、ここでシュルフターが殊更後出を取り出した事実は、かえってかれが、執筆順序と体系的配列との混同に陥っていることを語り出してはいまいか。この種の疑義であれば、「前出参照指示も、その後書かれるべき（体系上は）前のテキストを指示しうるから、後出指示とまったく同様、確定的規準たりえない」といわなければ趣旨一貫しないであろう。

【3】 折原は、原著者ヴェーバーは、交互に参照指示を付すことでテキストを統合していったから、参照指示のネットワークが、統合を解き明かす鍵になる、という前提の上に立っている。しかし、ヴェーバーは、校正段階で大幅な書き加えや改訂をおこなう作風をそなえていたから、そのさい前後参照指示を書き替えたかもしれず、したがって参照指示のネットワークは、統合の最終段階を表示しない。

　これは、上記二前提への批判と同様、「折原は、未定稿をあたかも完成稿であるかのように取り扱っている」との趣旨と受け止めてよかろう。なるほど筆者は、表題には意図してシュルフター論文と同一の主題「マックス・ヴェーバーの『社会経済学綱要』寄稿」を選び、「ひとつに統合された全体としての戦前草稿」という簡潔な副題を添えて、かれとの対立を鮮明にしたから、そうした印象が生じても無理はない。しかし、本文では、戦前草稿を「未完ではあるものの確かにひとつの全体をなすもの」として捉え、「少なくとも、戦前草稿をそれが現在残されているままの状態で引き継ぎ、その上でできるだけ高い水準の統合をテキストに忠実に探究する（KZfSS 51：726＝統合論文：81）」と明言している。

　筆者ももとより、「旧稿」が未定稿で、書かれざる空白を残していた事実を認めないわけではない。むしろそれは、当然の大前提である。その上で、①学問的著作の執筆者は通例、ひとつのプロジェクトについては体系的統合を

目指すという一般経験則に加え、②マックス・ヴェーバーという執筆者は、シュルフターも別のところでは認めているとおり[2]、みずから表明した執筆計画・構成予告を他意なく忠実に守るばかりか、③この『綱要』寄稿のばあい、1913年12月30日付けジーベック宛書簡で「ひとつのま・と・ま・っ・た・理論と叙述」を「仕・上・げ・た・」旨通知し、『綱要』第一回配本への1914年6月2日付け「序言」では、同年10月の印刷送付を公式に予告していた主観的事実、また、④未完成の標識となる (a) 類型（被指示個所のない）不整合参照指示が、信憑性論文で示したとおり、わずか八例ときわめて少ない客観的事実から、同年8月の第一次世界大戦勃発により中断をよぎなくされた時点では、草稿（の書き下ろされた部分）が、「最・終・段・階・」に近い、相対的にはきわめて高い統合に達していたと仮定しても、牽強付会ではあるまい。そして筆者は、この仮説を、誰でも反論・反証できるテ・キ・ス・ト・内・在・的・また外・在・的・な証拠を具体的に挙示しながら、論争をとおして検証していこうとする。そうして初めて、未定稿ゆえに相対的ながら、最大限に統合されたテキスト配列に到達することができ、原著者の遺稿を、いまだに解読されていない固有の広がりと深みにおいて内在的‐体系的に継承し、やがては乗り越えていくこともできようと確信しているからである。

このように言い直せば、シュルフターの賛同もえられるであろうか。ただ、前後参照指示については、筆者は、被指示個所も網羅的に検索した一覧表を作成し、その信憑性も論証した上で、確かに有力な準拠標として活用している。しかし、シュルフターが解するように「唯一の王道」にまで絶対化しているわけではない。他のテ・キ・ス・ト・内・在・的・指標、とりわけテキスト自体の、原著者ヴェーバーに特有の厳・密・な・論・理・的・構・成・も、全826段への分解と論脈追跡をとおして具体的に確認し、また、同じくヴェーバーに特有の厳・密・な・用・語・法・も全篇にわたって検索‐追検証し、前後参照指示のネットワークと嚙み合わせて、全体の再構成に活かしたいと考え、現在その作業を続行中である。本稿でも、下記でその一端には触れるであろう。

他方、テ・キ・ス・ト・外・在・的・指標、とくに「[14]表」も、テキスト全826段それぞれの論点と突き合わせた上で、おそらくは最終段階の統合を表示するも・っ・と・も・

妥当な準拠標として重視している。まさにそうであればこそ、『マックス・ヴェーバーの新世紀』所収の別稿では、「¹⁴表」の信憑性と妥当性を、外から形式的な「等量原則」を持ち込んで否認しようとするモムゼンの恣意を、厳しく批判している。さらに、テキスト外在的指標としての交信録も、ただたんに無視しているのではない。肝要な最終（1913 - 14年）段階の書簡が未公刊で、バイエルン州立図書館に寄託されたファイルも筆者には閲覧を許されないという制約（最重要な作品史資料の編纂者による独占状況）は、このさい問うまい。むしろ筆者は、公表を予定して書き下ろされ、（マリアンネ・ヴェーバーの功績によって）万人に開かれているテキストそのものと、それに内在する指標を、なんといっても、書簡というテキスト外在的一資料には優先するものとして取り扱う。それにたいして編纂者陣には、概して交信録を偏重する嫌いがありはしまいか。このばあいの「偏重」とは、私的書簡としての略記、誤記、そこに表明された意図の事後変更の可能性といった、準拠標としての問題性や限界を考慮せず、（そこに表明された意図にしたがって書き下ろされたはずの）テキストそのものとの照合も怠ったまま、書簡記載事項からの推論を優先させ、テキスト内在的指標による検証を待たずに速断をくだす傾向を意味している。

　なるほど、マリアンネ・ヴェーバーやヨハンネス・ヴィンケルマンが、それぞれの案出した「統合」や「体系」によって永らく読者を誤らせてきた前史に照らして、『全集』版の編纂者が、統合視や体系づけに極度に懐疑的となり、先行者の「轍を踏む」まいとする心意は理解できる。しかし、そうした懐疑をただたんに抽象的に振りまくだけでは、「羹に懲りて膾を吹く」にひとしい。それどころか、「校正段階で変更された蓋然性が高いから、そうした変更を考慮した再構成‐再編纂案を示せ」──いってみれば、脱稿後・校正段階のマックス・ヴェーバー自身になりきれ──といった無理難題を持ち出し、切り札として振りかざすとすれば、そこからはどういう帰結が生ずるであろうか。「お手上げ」か「投げやり」か、どちらかではあるまいか。

　いずれにせよ、現にテキストそのものに与えられている具体的事実指標を網羅的に検索し、そうしたテキスト・クリティークに依拠する議論を積み重

ねて一歩一歩未定稿なりの統合を突き止めようとする地道な努力は、一切合切「相対的」ないし「相対的なものの絶対化」として排斥され、かえってそれだけ恣意の入り込む余地が大きくなろう。いっそ論証ぬきに、形式的にことを済ませようとの誘惑も忍び込みかねまい。いわば、マリアンネ・ヴェーバーやヴィンケルマンとの——統合捏造と統合放棄との——同位対立に陥るわけである。

ことがそのように運ばれるとすれば、原著者自身が追求した統合の（もとより未定稿なりの）論証的復元を欠く恣意的編纂の結果が、『全集』版の権威のもとに罷り通ることとなろう。なるほどシュルフター自身は、この「緒言」に表明された懐疑と、そうした懐疑にも耐えうる厳密な論証への要請を堅持し、未定稿性・相対性の自覚の上にいっそうの研究を要請し、最善の配列・統合に到達しようと論証 - 論争を重ねるであろう。しかし、その傍らで、他の（マリアンネ・ヴェーバーやヴィンケルマンと同位対立の関係に立つ）編纂者が、論証 - 論争ぬきに恣意的編纂を急ぐ事態は、遺憾ながら避けがたく進行しているように思われる。

さて、シュルフターはこのあと、上記三前提の上に立てられているという折原の具体的テーゼにつき、つぎの三疑義を提出し、逐一批判を加えている。
1. 提示された参照指示が決定的証拠となりうるか？
2. カテゴリー論文の術語が、全「戦前草稿」に貫徹されているか？
3. ヴェーバーは、「14表」を発表した時点（1914年6月2日）にも、1913年に別途『ロゴス』誌に発表したカテゴリー論文を、なお全草稿に前置しようとしていたのか？

この三問に、折原は「然り」と答えるが、シュルフターは「否」と答える。このようにシュルフターは、かれらしく明快に両者の対立点を集約し、その上で下記のように批判を展開する。ただしこの「否」は、伝承されているテキストの未完成で不完全な状態に照らして、定言的なものと解されてはならない、と付言することも忘れない。そこで筆者の議論も、同じくつねに論争を求める非定言的問題提起 - 仮説提示であると断った上で、この三つの「否」にそれぞれ応答していこう。

II. 参照指示の証拠を欠けば、シュルフターの推論は宙に浮いたままとなる

【1】 シュルフターも、「家ゲマインシャフト」「オイコス」「家産制」のテキスト間に、前後参照指示による架橋がなされている事実は、もとより事実として認める。しかしかれ自身は、これらのテキストを「第二局面」の成果と見ていて、前二者と後者とが「異なる執筆局面に由来するとはどこにも主張していない」から、折原の批判は的外れで、本来必要ではなかったという。

さて、筆者は、かれの「『政治ゲマインシャフト』のような比較的短いテキスト kleinere Texte wie „politische Gemeinschaft"」という表記に「家ゲマインシャフト」と「オイコス」も含まれていると推認して、これらと「家産制」との架橋を論証したが、なるほど前二者の帰属にかんするシュルフターの確定的言及はなく、筆者の推認はいささか勇み足であったといわざるをえない。この点、まずはシュルフターならびに読者にお詫びする。しかし、両テキストが収録される第一分巻「諸ゲマインシャフト」の編纂者モムゼンと協力者マイヤーは、明らかに両者を「政治ゲマインシャフト」とともに「『1910年題材分担案 (以下「¹⁰案」と略記)』にしたがって早期に書かれたテキスト」として一括し、分巻編成を作品史的に正当化している。したがって、シュルフターのこの言明は、少なくともこの重要な一点にかけて編纂者間に見解の一致がない事実を、白日のもとにさらしたことになろう。シュルフターとモムゼンは、編纂者としての責任において、この問題について論争し、読者の納得できる解決に到達しなければなるまい。ちなみに、タイトル問題につき、既刊の第五分巻「都市」では、モムゼンの『経済と社会』説と、シュルフターの『経済と社会的秩序ならびに(社会的)勢力』説とを併記しているが、こうした妥協は本来、学問上許されることではなかろう。

【2】 ところで、シュルフターによれば、「家ゲマインシャフト」と「オイコス」は、なる

ほど「10案」以前に書かれていたかもしれないが、第二局面で「支配の社会学」の構想と関連づけられ、改訂され、再構成された。その証拠に、①それらのテーマは、1913年12月30日付けジーベック宛書簡にいう「仕上げられ」「まとまった理論と叙述」の項目に含まれ、「14表」にも引き継がれている。さらに、②当の「まとまった理論と叙述」は、同じ書簡によれば、1913年に出版社に引き渡されたビュッヒャー草稿の不出来にたいする対応の産物であった。すなわちヴェーバーは、実質上の編集主幹として、そうすることで叢書全体の水準を維持しようとした。したがって、こうした作品史的関係から見て、テーマ間に前後参照指示による架橋があることは、なんら不思議ではない。ただ、③参照指示関係は、上記書簡と同様、草稿の「大まかな grob 構成」を示すのみである、という。

さて、①かりに三テキストの関連づけが、前後参照指示 Nr. 27, 49, 398, 399 のようなテキスト内在的事実によって具体的に証明されないとすれば、「家ゲマインシャフト」と「オイコス」がじじつ「第二局面で『支配の社会学』と関連づけられ、改訂され」たというシュルフターの立論は、1913年12月30日付け書簡と「14表」というテキスト外在的指標からの推論にとどまり、いわば宙に浮いたままであろう。それにたいして筆者は、テキスト外在的指標からの推論をあくまで仮説とし、テキスト内在的事実によって検証する方針をとる。前後参照指示 Nr. 27, 49, 398, 399 による論証は、シュルフター自身の三者関連論にとっても、けっして不必要ではなく、まさにそのテキスト内在的証明をなしているのである。

さらに、②シュルフターは、マックス・ヴェーバーが編集主幹として叢書全体の水準維持に責任を感じ、他の共同執筆者による寄稿の不出来を補おうとしたという（これまた書簡からの）推論を重視し、それをなにか、ヴェーバーの『綱要』寄稿自体に統合性が欠落している（あるいはそれが希薄である）理由と解そうとしているかに見える。しかし、そうした補完がなされたとしても、それは、他の寄稿者の担当部分に出向いて、そこで当該篇に手を加えるという形ではなく、自稿に引き受けてその内部で企てられたのであろう。そうであれば、その自稿が、たとえ他の寄稿との関連のなかにあり、そのコンテクストを考慮しつつ書かれ、書き直されたとしても、ヴェーバーほ

どの論理的思考者が、他稿に引きずられて論理的に不整合な断片の寄せ集めに終始するとはまず考えられない。あくまでかれ自身の寄稿として、叙述を論理的に引き締め、相応の内的統合を追求し、相当程度達成していたと見るほうがはるかに自然であろう。それどころか、他者の寄稿にかれとして不満を感じた部分への補完であろうからには、むしろその補完部分にこそ、かれ独自の思想が、元来の構想との統合的関連のもとで特徴的に展開されている、と見なすことができよう。

また、③「大まかな構成」云々については、なるほど「1910-14 年戦前草稿」全 826 段にことごとく前後参照指示が含まれているわけではないから、そのネットワークによって示されるのは「大まかな構成」であるよりほかはない。細部の詰めは、やはりテキスト内在的な論理展開の追跡に依拠してなされなければなるまい。しかし、「大まかな」構成がテキスト内在的事実によって確実に突き止められることは、それはそれとして重要ではあるまいか。なにしろ、各章ごとに読解され利用されながら、全体としての体系的構成を探知せずにきたのが、『経済と社会』研究史の特徴をなしているからである。

【3】 つぎにシュルフターは、「都市」篇にかんして、ニッペルの「編纂報告」を引用し、折原の（前後参照指示ネットワークに依拠した）統合主張を相対化しようとしている。

ところが、このニッペルの「編纂報告」自体、問題なしとしない。まず、「編纂報告」中、シュルフターも結論を引用している当該部分の全文を引用してみよう。「確かにヴェーバーが、このテキストをも、かれの厖大な『綱要』寄稿の一部と考えていた状況証拠はある〔ここに注 8 が付され、信憑性論文の参照が指示されている──引用者 - 以下同様〕。ヴェーバーは、このテキストに多くの前後参照指示──『われわれが見たとおり』『われわれがやがて見るように』──を付した。そうした参照指示は、40 個所以上にあり、その大半は、この『都市』テキスト内部で解決される〔内部に被指示個所が見いだせる〕。しかし少なくとも三つの参照指示については、初版『経済と社会』のいっそう古い部分に in älteren Teilen 被指示個所があるとして解決するのがもっとも容易である〔ここに注 9〕。さらに他に三つ、被指示個所を判定できない参照指示がある〔注 10〕。また、初版『経済と社会』の別の個所にある参照指示──『後に論及されるべき、イタリアにおける門閥とポポロ・グラッソとの融合』〔注 11〕──は、この作品の他の部分から

「都市」篇の参照を指示したものと解される。ただしもとより、ヴェーバーがこれらの参照指示を書き込んだ時点で、どのようなテキストの状態、どのような配列を念頭においていたのか、これは一義的には再構成されず、なお考慮されるべき問題として残される。」(MWG, I/22-5: 47. 強調は折原)

ニッペルによるこの集約を、信憑性論文の結論と「参照指示‐被指示個所一覧」(Orihara 1993: 117-144; 折原 1996: 301-319) とに照らし合わせて見ると、つぎの問題点が浮かび上がってこよう。

(a) まず、「40個所以上」というのは不正確な上、具体的挙示を欠き、追検証が不可能である。折原の検索では、「都市」篇に属する全参照指示は、Nr. 508-567 の 60 個、そのうち「他出参照指示」(Nr. 535, 549, 550) と「限定句」(Nr. 508, 518, 523, 527, 552, 554, 557, 558) を除くと、「前出参照指示」は 19 個、「後出参照指示」は 30 個で、前後参照指示は全部で 49 個ある。ちなみに、独訳「参照指示‐被指示個所一覧」は、エディット・ハンケ女史をとおして、ニッペルの手にも渡っていたはずである。

(b) 「40個所以上の大半」が「都市」篇の内部で解決されるといっても、それは「都市」篇の独立性を意味しはしない。解決のされ方が問題である。折原は、ニッペルも参照を指示している信憑性論文の結論で、「都市」篇の後にまで伸び出る後出参照指示はないという事実を指摘した。そして、この事実を、下記 (c) ～ (e) の事実と併せ、執筆者がこの篇を (書き下ろされた草稿の内部では) 体系上最後尾に配置する予定であったことの証左と解している。この論証にたいするニッペルの応答はない。

(c) ところが、(後出に比して) 前出のほうは、19 中七個が、「都市」篇より前にはみ出し、体系上「都市」篇前に配置された部分に被指示個所を見いだす。その七のうち三個 (Nr. 514, 530, 560) については、ニッペルも注 9 で、所在を挙示している。Nr. 514 は、「ディンクゲノッセンシャフト裁判と、法形成にたいするその意義」にかかわる前出参照指示で、「法」篇中の WuG: 452-455 (=世良訳、法: 309-322) に、Nr. 530 は「メンナーハウスとしてのフラトリー」にかかわる前出参照指示で、「家ゲマインシャフト」篇

中の WuG: 213, 223 (＝厚東訳: 556, 577-578)、「法」篇中の WuG: 416, 412-413 (＝世良訳、法: 115, 164-185)、「政治ゲマインシャフト」篇中の WuG: 517-518 (＝浜島訳: 183-184) および「カリスマ」篇中の WuG: 678 (＝世良訳、支配Ⅱ: 490) に、Nr. 560 は、「エルガステリオン」にかんする前出参照指示で、「都市」篇内の WuG: 770, 782 (＝世良訳、都市: 188, 234) にも論及はあるが、「オイコス」篇中の WuG: 231 (＝厚東訳: 595) に、それぞれ内容上正確に一致する被指示・該当個所を見いだすことができる。そして、このうちアンダーラインを付したのは、他ならぬニッペルも検出し、(初版のページを) 注記している個所である (MWG, Ⅰ/22-5: 123 Anm. 61, 180 Anm. 130, 258 Anm. 172)。

　しかし、これらの被指示個所は、「旧稿」中の「いっそう古い部分」ではない。この表記はかえって、ニッペルもまた執筆期と体系的配列との混同に陥っていた事実を、問わず語りに語り出している。ちなみに、シュルフターは、「都市」篇を早期「第一局面」に帰属させるから、ニッペルのこの「『都市』篇後期説」とは食い違い、批判を向けなければならないはずである。

(d) 「都市」篇から前にはみ出る残る四個についてみると、ニッペルも注10で、そのうちの二個を「被指示先を判定できない事例 Zweifelsfalle」に数えている。しかし、その二例 (Nr. 531, 551) は、それぞれ「ポリスにおける祭司層への政治的支配」「営利企業者における余暇欠乏の意義」というヴェーバー固有の具体的論点にかかわるもので、前者は「法」篇中の WuG: 429, 472 (＝世良訳、法: 214, 391)、「家産制」篇中の WuG: 599 (＝世良訳、支配Ⅰ: 205) および「国家と教権制」篇中の WuG: 690 (世良訳、支配Ⅱ: 531) に、後者は「家産制」篇中の WuG: 566, 589-590 (＝世良訳、支配Ⅰ: 104, 172-173) に、それぞれ内容上正確に一致する被指示個所を見いだすことができる。このうちアンダーラインを付したのは、他ならぬニッペルも検出し、(初版のページを) 注記している個所である (MWG, Ⅰ/22-5, 184 Anm. 143, 230 Anm. 198)。

　これでも「被指示先を判定できない」とは、いったいどういうことであ

ろうか。ヴェーバーの他の著作に被指示個所が見られ、そちらを指示している蓋然性が高いというのであれば、その個所と根拠を示すべきである。

(e) さらに残る二例は、ニッペルも引用した信憑性論文には明記されている Nr. 521, 545 である。それぞれ「市民集会に定期的に出席できるのは、経済上の余暇をもつ者にかぎられていた」「民主制ポリスにおける古法制の残滓」という具体的に限定された論点にかかわる前出参照指示で、前者は、「支配（序論）」篇中の WuG: 546-547（＝世良訳、支配I: 17-18）と「家産制」篇中の S. 589-590、617-618（＝世良訳、支配II: 267, 172-173）に、後者は、「法」篇中の WuG: 452, 472（＝世良訳、法: 308-309, 390-391）に、それぞれ内容上一致する被指示個所を有している。

ニッペルは、信憑性論文を参照し、引用しておきながら、なぜ、この二例を看過したか、故意に無視したのであろうか。

(f) 最後に、他篇中から「都市」篇への参照指示については、さすがにニッペルも、ヴェーバーが「家産制」篇中で、「ピューリタニズム侵入以前のイギリスにおける郷士層と上層市民層との融合」に関連して「イタリアにおける門閥とポポロ・グラッソとの融合」にかんする「後述の」参照を指示した Nr. 428（WuG: 620＝世良訳、支配I: 272）を無視することはできなかった。

このとおり「都市」篇は、上記 (c)～(f) で具体的に挙示した、双方向の参照指示ネットワークにより、体系上前置された「旧稿」中の諸篇に架橋・編入・統合されている。その上で、内容上・体系上も「都市」篇がこの位置にあることの意味（その位置価）については、別稿（『マックス・ヴェーバーの新世紀』所収）のモムゼン批判に関連して述べたとおりである。いずれにせよ、反証が可能な具体的データを揃え、追検証が容易なように独訳して提供してある筆者の所論にたいして、かれの取り扱い方は、遺憾ながら学問的厳密さを欠くといわざるをえない[3]。しかも、一歩譲って、かりにかれが信憑性論文と独訳「参照指示－被指示個所一覧」から、上記引用全文の記載事項しか読み取れなかったとしても、その水準における、前後参照指示にかんする縮減された具体的データからさえ、少なくとも「都市」篇の「旧稿」への統合という帰結は引き出せても、「ただし………」以下のような、抽象的で曖

昧な結論で「お茶を濁す」ことはできなかったはずである。そもそもニッペルは、「都市」篇の「旧稿」への統合について学問的確信をもてないまま、なぜ、そのように宙に浮いた「都市」篇を、なおかつ『全集』版「旧稿」該当巻の一分巻 (MWG, I /22-5) として編纂し、公刊することができたのであろうか。

　そういうわけで、ニッペルによる「都市」篇の分巻編纂とその刊行は、少なくとも根本問題を棚上げにしたままの「見切り発車」というほかはない。また、ニッペルの「編纂報告」中もっとも問題のある個所を、そのまま肯定的に引用するシュルフターの態度も、ニッペルと同様、編纂者として問題であり、編纂協力者への責任転嫁による個人責任の放棄と見なさざるをえない。

【4】つぎの段落で、シュルフターは、「都市」篇について述べたことを、他の諸篇にも一般化しようとする。ニッペルが『都市』篇から取り出したのは、草稿内在的に解決されるかどうか疑問の余地を残す参照指示であったが、そうした疑問はすべての参照指示につきまとい、前後参照指示は、テキスト配列問題の解決に「曖昧なてがかり vage Anhaltspunkte」を与えるにすぎない、というのである。

　しかし、じつは、上記【3】で論証したとおり、「都市」篇をめぐる前後参照指示は、系統的 - 網羅的な検索からはもとより、ニッペルによって縮減されたデータだけからも、「都市」篇の「旧稿」への統合を証示していた。したがって、シュルフターの一般化は、ニッペルによる曖昧な結論と、これを正しいとするシュルフターの曖昧な判断との一般化にすぎない。信憑性論文のモットーに掲げたデュルケームの警句どおり、例の挙げ方が非系統的・恣意的で、自説に好都合な例を任意に持ち出すだけでは、学問的論証にならないことはいうまでもない。ただ、シュルフターにもっとも好都合な一例でさえ、ニッペル - シュルフター説を覆して「都市」篇の「旧稿」への統合を証示しているとすれば、さほど好都合でない他の諸篇については、ますますもって「然り」とはいえよう。

　また、シュルフターは、原著者が四年以上の長きにわたって執筆したテキ

ストを、最終的にことごとく統合しようとは欲しなかった、という可能性も排除できないという。ア・プリオリには、そのとおりである。しかし、ではヴェーバーは、どのテキスト部分をいかなる根拠で除外しようとしたのか。シュルフターは、具体的な証拠を添えて提示すべきである。そうせずに、ただ執筆期間の長さから、その期間に執筆されたテキストの不統合という抽象的可能性を示唆し、懐疑を振りまくだけでは、テキスト内在的な具体的証拠をそなえた折原の論証を覆すことはできまい。

さらに、シュルフターは、1913年12月8日付けの（またしてもテキスト外在的指標のひとつにすぎない）回状を引用し、ヴェーバーのテキストが置かれていたコンテクストの推移と、かれとして「不本意な」補完事情を強調している。しかし、それがどうしたというのであろうか。そうしたコンテクストの推移に引きずられて、かれが自稿の統合を放棄したとでもいうのか。そうであればやはり、テキストのどこに、どれだけの不統合が生じているかを具体的に証明しなければなるまい。こうした「補完による不統合」説への批判は、上段【2】の末尾で展開したから、ここで繰り返す必要はなかろう。

【5】最後にシュルフターは、テキスト配列問題の解決に例示の一致を用いることはできないという。

それはそのとおりである。折原は、シュルフターが「第二局面」に属するという「支配の社会学」中に、前出参照指示 Nr. 474 が厳存し、その論点内容——すなわち、合理化の経過において、被指導者大衆は、その基礎にある合理的原理・原則には関心を払わず、その結果として生ずる便益を利用する形で適応するにすぎない、という論点内容自体——が（編纂論文によれば、『ロゴス』誌への発表によって『綱要』寄稿からは「切り落とされた」はずの）カテゴリー論文の最終39段に正確に照応し、「第二局面」のテキストとカテゴリー論文とを架橋している事実に注目し、両者の体系的統合の一証拠として提示した。そのさい、この同一論点を双方で解説する例示までが一致している事実を副次的な付帯事項として示し、内容的照応・一致の証明を補完し

たまでである。

III. 用語法も、網羅的に検出すれば、シュルフターの推論とは逆の帰結にいたる

シュルフターは、①前出参照指示 Nr. 474 が「第二局面」草稿群とカテゴリー論文とを架橋している事実、②カテゴリー論文と「1部1章・社会学の基礎概念」とでは、基礎カテゴリーが折原の定式化どおりに異なっている事実、③個々の戦前草稿群とりわけ「経済と秩序」篇とカテゴリー論文第二部との間にテキスト連関がある事実、をいちおうは認める。しかし、この連関についても、事情は複雑で、なお一義的には見通しがたいと付言し、つぎのような問題を提起する。

【1】まず、カテゴリー論文第二部の基礎カテゴリーがすべて、「戦前草稿」群に一貫して適用されているかどうか、には疑義がある。なるほど、〈ゲマインシャフト行為〉、たいてい〈合理的 rational〉という形容詞を冠せられ、ゲマインシャフト行為の一特例と見なされる〈ゲゼルシャフト結成〉、さらには、それらと結びついた〈ゲマインシャフト〉、〈ゲマインシャフト形成〉、〈〔当初のゲゼルシャフト結成の範囲を〕超え出るゲマインシャフト形成 übergreifende Vergemeinschaftung〉〈ゲゼルシャフト行為〉といった基礎概念は、いたるところで用いられている。しかし、〈諒解行為〉〈諒解ゲマインシャフト〉〈〔当初のゲゼルシャフト結成の範囲を〕超え出る諒解行為〉〈合法性諒解〉〈正当性諒解〉〈目的結社 Zweckverein〉といった基礎概念については、同じことがいえない。したがって「戦前草稿」全般にわたり、カテゴリー論文の全概念装置が適用されているかどうか、再検討する必要がある。

これには、折原も賛成である。

【2】ところで、カテゴリー論文は、「第一部」（Ⅰ～Ⅲ）と「第二部」（Ⅳ～Ⅶ）とに二分される。このうち「第二部」は、ヴェーバー自身が冒頭の注に明記しているとおり、シュタムラーが「言うべきであったはずの」ことを部分的に展開している。したがってそれ

は、1907年のシュタムラー批判論文と時間的にも近い関係にあろう。ところが、「戦前草稿」のなかには、その第二部で規定されている基礎カテゴリーのすべてが適用されてはいないテキストが、複数ある。この事実は、それらのテキストが、①1910年以前に書き下ろされて、それ以降改訂が加えられなかったか、あるいは、②カテゴリー論文第二部の概念装置がふたたび規範的意義を失った時点に書かれたか、どちらかを意味するはずである。さて、きわめて早い時期に成立したテキストは、「10案」を実現していく過程でカテゴリー論文の概念水準に関連づけられ、統合されたであろうが、その後に書かれたテキストでは、この水準がふたたび放棄されているように思われる。この観点から全テキストを網羅的に検討しなければならないが、さしあたりは、折原が体系的に関連づけた「経済と秩序」および「経済と社会一般」とに限定しよう。

【3】幸いなことに「法」篇とともに保存されている「経済と秩序」篇（ヴェルナー・ゲッファート編の第三分巻「法」に編入され、前置されると聞く）については、シュタムラーとの対決に由来し、「10案」以前に書き下ろされた初稿と、カテゴリー論文第二部の概念が書き入れられ、その概念水準に統合されたあと、「10案」の「経済と社会」部に編入された第二稿との、二異層を判別することができる。したがって、当の「経済と秩序」篇第二稿とカテゴリー論文第二部との間に、参照指示による架橋があるのは当然である。「経済と秩序」篇以外にも、「政治ゲマインシャフト」や「階級、身分、党派」といった、おそらくは同じく早期に成立したテキストも、同様にカテゴリー論文第二部のカテゴリーと緊密な関係にある。ただし、「経済と社会一般」「家ゲマインシャフトとその解体」「経営とオイコス」などの諸篇については、事情が異なる。なるほどここにも、〈ゲマインシャフト行為〉や〈合理的ゲゼルシャフト結成〉といった概念は頻繁に用いられている。しかし、他のカテゴリー、とくに〈諒解行為〉と諒解を含む複合語は検出されない。カテゴリー論文でそうした概念によって捉えられていた現象そのものは、そこでも取り扱われているのに、術語は姿を消している。したがって、折原が強調するように全戦前草稿でカテゴリー論文が同一の役割を演じていたかどうかは、もっと正確に見極められなければならない。

要するに、シュルフターは、編纂論文の趣旨に沿い、カテゴリー論文第二部の、概念的導入部としての機能が、1913年の『ロゴス』誌への発表以後、「第二局面」では失われたといいたいのであろう。そしてその証拠を、〈諒解〉〈諒解行為〉〈諒解ゲマインシャフト〉などの術語が用いられなくなったという（珍しくテキスト内在的な）一点に求めるわけである。

さて、筆者は、結論としては「第二局面」にも〈諒解ゲマインシャフト〉〈諒解〉および〈諒解行為〉という術語が用いられている事実を、反証として対置することにより、シュルフター推論の妥当性は否認せざるをえない。しかし、そのまえに、かれの推論自体に含まれる卓見は、それとして評価しておきたい。

　カテゴリー論文第二部とシュタムラー批判とを結び付けたのは、シュルフターの功績である。では、前者で展開されている形式的基礎カテゴリー群が、いかなる意味で「(シュタムラーが)言うべきであったはずの」ことにあたるのであろうか。

　ヴェーバーによるシュタムラー批判の眼目は、消極的には「法が社会生活の普遍的形式 Form であり、経済はその実質 Materie である」というシュタムラー説を、規範の観念的妥当と経験的妥当（したがって前者を問う「規範学 Dogmatik」と後者にかかわる「経験科学 empirische Wissenschaft」）との混同に導く不適切な定式化として斥けた点に求められよう。そうすることによって、積極的には、一方では、法が、人間行動の経験的規定根拠のひとつ（〈強制装置〉によって経験的妥当を保障された〈制定秩序〉）として、相対化して捉え返されよう。他方では、人間行動の事実上の類型的規則性には、〈制定秩序〉の経験的妥当にもとづくそれ以外に、〈制定秩序〉はないのに、〈あたかもそれがあるかのように〉経過するものもあり、しかもそれはそれで、他者の行動と関係づけられた〈ゲマインシャフト行為〉の体をなし、歴史的にはむしろいっそう広大な領域を覆っている、という事態に視野が開かれてくる。そこでヴェーバーは、この事態を〈諒解〉の概念によって把捉しようとする。〈諒解〉とは、ある人々の行動にたいする予想が、〈制定秩序〉はないにもかかわらず、当の人々によって〈妥当なもの〉と見なされ、じっさいそのように取り扱われる客観的なシャンスと定義される。そして、そうした〈諒解〉のシャンスを当て込む〈ゲマインシャフト行為〉が〈諒解行為 Einverständnishandeln〉である。

　後から整理すれば、〈諒解行為〉は、「〈[ゲマインシャフト行為以前の]同種の大衆-、群集-、模倣行動〉―〈無秩序な amorph ゲマインシャフト行為〉―〈[諒

解秩序に準拠した〕ゲマインシャフト行為＝諒解行為〉—〈〔制定秩序に準拠した〕ゲマインシャフト行為＝ゲゼルシャフト行為〉」という〈ゲマインシャフト秩序の合理化〉尺度上に、中間領域として位置づけられる。しかし、カテゴリー論文第二部では、〈制定秩序〉に準拠した〈ゲゼルシャフト行為〉の叙述が先にきて、そのあとに〈あたかも……かのように als ob〉標識の議論から出発して〈諒解行為〉の概念が定式化される。この順序も、シュタムラー批判の積極的展開として、ヴェーバーの思考過程を忠実に反映しているといえよう。したがって、カテゴリー論文第二部の意義は、切り詰めれば〈諒解行為〉の概念構成にあるといっても過言ではない。この意味で、シュルフターが、他ならぬ〈諒解〉とその複合語の帰趨を「旧稿」中に追跡し、それに準拠してテキストの位相を判別しようと企てること自体は、けだし卓見というべきなのである。

しかし、この卓見にもとづく仮説を、かれの提唱どおり、〈諒解〉およびその複合語の正確かつ網羅的な検索によるテキスト内在的検証に委ねると、シュルフターとは逆の結論が出てくる。なるほど「経済と社会一般」「家ゲマインシャフト」「オイコス」の三篇には、〈諒解〉とそれを含む複合語は姿を現さない。また、なぜそうなのかは、ひとつの問題となりうるから、後に考察を加える。ここではまず、「支配の社会学」——シュルフターが「第二局面」の代表作と認め、「家ゲマインシャフト」「オイコス」篇の第一次草稿も、前記のとおり、それと関連づけて改訂され、現テキストの体をなしたと見ているテキスト——の三個所に、〈諒解ゲマインシャフト〉〈諒解〉〈諒解行為〉の術語用例が厳存する事実を挙示しよう。

第一例は、もっぱら軍事力（とその行使にたいする被支配者の恐怖）に依拠したオリエント的〈スルタン制〉の不安定性に比して、相対的に安定した〈家産国家的（政治）支配形象〉の成立根拠を、事実上、支配者と被支配者との〈正当性諒解〉に求めた、つぎの一節に出てくる。「政治的な家産制君主は通例、ひとつの諒解ゲマインシャフト Einverständnisgemeinschaft によって、被支配者と結ばれている。こうした諒解ゲマインシャフトは、君主が、かれ自身の意のままになる、被支配者からは独立した家産制的軍事権力を掌握して

いるか否かにかかわりなく存立し、伝統の枠内で行使される君主権力は君主の正当な権利である、という確信に支えられている。家産制君主によってこの意味で『正当に legitim』支配されている人々を『政治的臣民』と呼ぶことにしよう」(WuG : 590 〔＝世良訳、支配 I : 174-175〕)

　ヴェーバーは、このコンテキストで、マルクスのように「政治的雲界の嵐」すなわち「アジア国家のたえざる瓦解と再建」「たえまない王朝交替」を、「社会の経済的基本要素の（安定的）構造」すなわち「農業と手工業との直接的結合」と対比する[4]のみでなく、〈支配〉という領域を、あくまで人間と人間との関係として、したがってその類型や固有法則性を、当事者間の主観要素の内的構造（〈正当性諒解〉）に立ち入って捉え返し、その上で、同じく固有法則的領域としての経済形態（〈治水―灌漑耕作〉など）との〈適合的連関〉を問うている。

　ところで、〈支配〉関係のこうした概念的基礎づけと類型論的展開は、つぎのとおりカテゴリー論文 37 段で予示されている。「いかなる欽定権力も、具体的な人間（預言者、王、家産制君主、家父長、長老その他の名望家、官僚、政党『指導者』、またはきわめてさまざまな社会学的性格の他の「指導者」）が、他の人間の団体行為におよぼす、その範囲や様態においてはそのつど異なる特殊な影響力──『支配』──にもとづいている。この影響力は、これはこれで多種多様な動機にもとづいており、いかなる様態であれ物理的ないし心理的な強制が行使される可能性もまた、その動機に含まれる。しかし、ここでも言えるのは、予想（とくに服従者の『恐怖』）だけに準拠した諒解行為は、比較的不安定な極限事例でしかないということである。他の事情が同じであればここでも、服従者が支配関係を自分にとって『義務づけられた』ものと主観的にも見なすがゆえにこそ服従するということが、平均的にあてにできるようになればなるほど、諒解が経験的に妥当する可能性はそれだけ高く見積もられよう。このことが平均的あるいは近似的にいえるかぎりで、『支配』は『正当性』諒解 „Legitimitäts"-Einverständnis にもとづくということになる。ほとんどあらゆる団体行為のこの上なく重要な基礎である支配の問題が、ここに登場してきたわけであるが、これは当然、ここで片づけるわけに

はいかない、特別の考察対象である。というのも、支配の社会学的な分析にとって決定的に重要なのは、『正当性』諒解の主観的意味をともなうさまざまなありうべき根拠だからであり、その『正当性』諒解は、直接に脅威を与える暴力への赤裸々な恐怖によって服従が生じている以外のあらゆるばあいに、根本的に重要な仕方で支配の独特の性格を決定する。しかしこの問題は、ここでことのついでに論じ尽くせる性質のものではないから、ここから始まる社会学的な団体－アンシュタルト理論に『固有の』諸問題に取り組むという手近な試みは、ここでは差し控えなければならない。」(WL: 470〔＝海老原、中野訳：118-120〕)

これこそ、シュタムラーが「唯物史観の克服」という旗印のもとに「言うべきであったはずの」ことの一基本線であろう。それをヴェーバーは、ここカテゴリー論文で、シュタムラーに代わって言明した上、「旧稿」中の「支配の社会学」篇で、予告された「特別の考察対象」に据え、具体的に展開している。当の「支配の社会学」95段からの上記引用は、〈支配〉を〈諒解ゲマインシャフト〉関係として、〈正当性〉諒解の根拠に即して捉えるカテゴリー論文の方法視角が、「第二局面」の代表作にも、いやそこにこそ、「手近な試み」として適用され、貫徹されている事実を、文字通り証示している。

第二に、「レーエンの譲渡には、新取得者とレーエン関係を取り結ぶことについての封主の諒解 Einverständnis が必要であった」(WuG: 635＝世良訳、支配Ⅱ：338) という用例がある。これは、「制定秩序はないにせよ、あるいは制定秩序に反するにせよ、封主が事実上、譲渡を〈妥当〉と見なして新取得者とレーエン関係を取り結ぶ客観的シャンス」という、やはり術語〈諒解〉の意味で用いられている。しかし、ここは、単純に「同意」ないし「了承」という意味の普通名詞と解しても無理はないから、これだけにこだわるつもりはない。

ところが、「支配の社会学」篇149段からの第三例〈諒解行為〉は、カテゴリー論文第二部で規定された正真正銘の術語であり、〈ゲゼルシャフト結成〉と対比され、まさにこの対比において活かされている。「『身分制（等族）国家 Ständestaat』が存立するということは、ただつぎのことを意味するにすぎ

ない。すなわち、いっさいの権利・義務が契約によって保障されている結果、またこのために生じた非弾力性の結果、(権力保有者相互間の) 協定 Paktieren を繰り返し結ぶことが避けられなくなり、そうした事態が慢性的になった——この事態は、事情次第では、明示的な『ゲゼルシャフト結成 Vergesellschaftung』により、ひとつの制定秩序 gesatzte Ordnung に転化されることもある——ということである。身分制国家は、レーエン保有者たちがひとつの権利仲間 Rechtsgenossenschaft に結集したあと、さまざまな機縁から、しかし主要には、ステロ化されて弾力性を失ったレーエン保有者・特権者の支配形象を、行政上異例ないし新たに発生した必要に適合させる一形式として成立した。……〔戦費として〕巨額の貨幣を一挙に調達するには、ステロ化した封建制的‐家産制的行政構造の通常の手段では、とうてい不可能である。……そうした方法はなにも用意されていなかったから、〔君主は、個々の特権保有者と〕たえず改めて諒解しあう Verständigung 必要があり、この目的のために、個々の権力保有者を、一定の秩序ある団体的結集という形で、ひとつの〔制定秩序をそなえた〕ゲゼルシャフト関係に組織化することが不可避となった。そして、まさにこうしたゲゼルシャフト結成から、君主との間にもゲゼルシャフト関係が締結され〔別言すれば、君主もその制定秩序によって縛られ〕るようになり、特権保有者たちがそうした『身分（等族）』をなし、さまざまな権力保有者の<u>たんなる諒解行為</u> bloßes Einverständnishandeln やそのつどのゲゼルシャフト結成から、ひとつの永続的な政治形象〔等族国家〕が生まれてくることにもなったのである。」(WuG : 637＝世良訳、支配Ⅱ : 346-348)

この〈身分制等族国家〉における特権保有者層との対抗関係から、ローマ教皇庁や他国との闘争場裡にもある君主は、富裕な市民層と提携せざるをえず、その要求に譲歩して中世内陸都市の遺産を引き継ぎながら、ローマ法の教養をそなえた法律家を官吏に任用し、家産官僚制から近代官僚制への脱皮をはかる。こうした意義をそなえた〈身分制等族国家〉の規定に、諒解秩序にのみ準拠した〈たんなる諒解行為〉と制定秩序に準拠した〈ゲゼルシャフト行為〉との概念的区別が、上記のとおり適用され、活かされているのである。

そういうわけで、第二例はともかく、第一、三例は、シュルフターの推論 - 仮説にたいする反証をなしている。カテゴリー論文第二部の形式的基礎カテゴリー群は、「支配の社会学」を代表作とする「第二局面」にもいぜんとして適用され、規準としての機能を失わずにいるのである。

では、シュルフターが例示する「経済と社会一般」「家ゲマインシャフト」「オイコス」篇には、なぜ〈諒解〉とそれを含む複合語が出てこないのであろうか。それは、シュルフターの主張どおり、カテゴリー論文第二部の形式的基礎カテゴリーが機能を失った証拠と解せるであろうか。

まず「経済と社会一般」11段には、つぎのような文章が出てくる。用語法が問題なので少し長くなるが全文引用しよう。「すでに前段で一般的には確定したとおり Wir stellten schon früher allgemein fest〔参照指示 Nr. 24〕、純然たる自発的加入にもとづく目的団体 Zweckverband はほとんどすべて、その〔制定秩序に準拠した〕ゲゼルシャフト行為によって目指される第一次的成果の範囲を超えて、ばあいによってはまったく異質な成果を目指すゲマインシャフト行為の基盤ともなる諸関係を、関与者の間に派生させる stiften のがつねである。つまり、ゲゼルシャフト結成は通例、その『目的の範囲を越え出る übergreifend』ゲマインシャフト形成 Vergemeinschaftung をともなう。もとよりこれは、ゲゼルシャフト結成の、ある一部のばあいにかぎられる。すなわち、そのゲマインシャフト行為が、もっぱら実務的な接触にとどまらず、なにほどかは『人柄に左右される persönlich』社交上の関係にまでおよぶことを前提としているばあいである。たとえば『株主』の資格を取得するには、一個人としての人柄が顧慮されることはなく、通例は共同出資者の認知や承認をまたず、株式にかんする経済的な交換行為さえおこなえば足りる。これと同じことが、純形式的な要件をみたし給付をはたすだけで加入を認め、個々人の人柄の審査は断念している、すべてのゲゼルシャフト結成についてもいえる。ある種の純然たる経済ゲマインシャフトと、純政治的な目的をそなえた結社 Vereine mit rein politischem Zweck においては、とくにそうである。しかも一般に、そうした結社結成の目的 der Zweck der Vereinigung が特化され、合理化されればされるほど、人柄のいかんを問わないことが通例となる。とはい

え、ゲゼルシャフト結成には、一方では加入認可のさい、あからさまあるいは暗黙裡に、特定資格の取得を前提として要求し、他方ではそれとならんで、通例その目的の範囲を超え出る上記のようなゲマインシャフト形成をともなうものが、きわめて多い。当然ながら、当のゲマインシャフトの構成員が、新規加入の認可のさい、申請者の人柄を受け入れられるかどうかの審査と同意を条件とするばあいには、殊にそうである。そうしたばあい、個々の加入者は、少なくとも通例、かれの機能や、当該団体の明示的な目的にとって本質的な給付能力についてだけではなく、その『存在』についても、すなわち、かれの人柄全体の価値についても、他の構成員から審査されることになる。……たとえば、宗教上のゼクテ、社交上の結社 gesellschaftlicher Verein、戦士の結社 Kriegerverein、はてはボーリング・クラブでさえ、通例、他の構成員から非難されるような人物の加入は認めない。まさにそれゆえ、加入を認められた者は、対外的に、第三者にたいして、当該団体の目的にかかわる資格の範囲をはるかに超えて、人柄ないし行状にかんする審査に耐えた者として『正当化 legitimieren』される。さらに、そうしたゲマインシャフト行為に関与する団体仲間間には、同じく限定された目的の範囲をはるかに超えて有利にはたらく諸々の〔縁故〕関係（『コネクション Konnexionen』）も派生する。そのため、やがては、当の結社－団体目的にはまったく無関心でいながら、〔第三者から信用を獲得し、拡大していく手段として〕もっぱらそうした『正当性』や『コネクション』のもたらす経済的効果を求め、宗教上・政治上その他の団体や学生組合に加入することが、日常茶飯事としておこなわれるようにもなる。」
(WuG: 187〔＝厚東訳: 539-541〕)

とすると、これは、ヴェーバーが北アメリカ旅行の途次に観察した洗礼派系〈ゼクテ〉とその世俗化形態たる〈クラブ〉の社会－経済的機能を、（〈目的結社〉形成を合理的な極とする）ゲゼルシャフト結成一般の随伴現象として定式化した図式である。ここにはなるほど、〈諒解〉や〈目的結社〉といった語そのものは用いられていない。しかし、語が文字通りに用いられていないからといって、概念までが規準的意義を失ったと速断することはできない。上記の引用文について見ると、一方では、ゲゼルシャフト結成から派生する

〈正当性〉が、信用をともなう〈諒解行為〉を生み出すチャンスとして、同じく〈コネクション〉が、互いに相手の期待を〈妥当〉と認めてその期待どおりに振る舞い合う〈諒解ゲマインシャフト〉として、他方では、純経済的ないし純政治的な特定の〈目的〉のもとに合理的に純化された〈結社〉が、〈目的結社〉として、それぞれカテゴリー論文第二部の基礎カテゴリーに正確に一致する意味で用いられている。つまり、カテゴリー論文第「二部」の形式的基礎カテゴリーそのものは、「経済と社会一般」篇のテキストにも適用され、浸透している。当初のゲゼルシャフト結成から諒解関係を派生させ、こちらを肥大化させたゲマインシャフトを〈目的団体 Verband〉と記し、特化された目的のもとでゲゼルシャフト関係に純化された〈目的をともなう結社 Verein〉とは区別しているところにも、カテゴリー論文「第二部」の概念規定が、ヴェーバーらしく厳密に貫徹されている。

　しかも、この論点内容は、冒頭の前出参照指示 Nr. 24 のとおり、カテゴリー論文 29 段末尾で、つぎのとおり、まさに「一般的に確定」されている。「ほとんどすべてのゲゼルシャフト関係からは、通例、その合理的な目的の範囲を超え出る übergreifend (『ゲゼルシャフト関係に制約された』) 諒解行為 Einverständnishandeln が発生する。どんなボーリング・クラブでも、構成員相互間の振る舞いに『慣習律』上の帰結をもたらす、つまり、ゲゼルシャフト関係の枠外に出て『諒解』に準拠してなされるようなゲマインシャフト行為を派生させる stiften のである」(WL: 461〔=海老原・中野訳: 97〕)。ここでも、ボーリング・クラブという例示までが（あくまでも例示のかぎりで）一致している。ヴェーバーは、前出参照指示 Nr. 24 とカテゴリー論文 29 段とのこの呼応によって確証されるテキスト連関を念頭において「経済と社会一般」篇を書き下ろし、まさにそうであればこそ、術語そのものの文字通りの反復にはこだわらなかったのではあるまいか。

　では、「家ゲマインシャフト」その他のテキストについてはどうであろうか。

　「家ゲマインシャフト」から「オイコス」にかけての篇には、なるほど〈諒解〉とその複合語は姿を現さない。しかし、そこでは、〈家ゲマインシャフ

ト〉〈近隣ゲマインシャフト〉〈氏族ゲマインシャフト〉が、そうした〈ゲマインシャフト形象〉を実体化することなく、それぞれ〈ゲマインシャフト行為〉（ことによると〈ゲゼルシャフト行為〉）によって構成される特定範囲の関係行為群を指示する語として、頻繁に用いられている。また、〈諒解〉にもとづいて強制力を発動し、〈諒解秩序〉を維持する権力保有者の存在が想定でき、この側面に力点が置かれるばあいには、〈家団体〉〈近隣団体〉〈氏族団体〉の語が用いられている。つまり、そうした〈ゲマインシャフト〉は、そのつど改めて断るまでもなく、けっして〈無秩序な amorph ゲマインシャフト行為〉の散発態ではなく、家計の共有と恭順、空間的近接と救難援助の必要、族外婚・財産相続・血讐義務による安全保障といった〈諒解〉のシャンスにもとづき、〈諒解行為〉群が〈諒解秩序〉に準拠して関係づけられた一定範囲の〈諒解ゲマインシャフト〉をなし、多くのばあい、当の〈諒解秩序〉を維持する権力保有者のいる〈団体〉である。それは、前置されるべきカテゴリー論文第二部（ないし「14表」「1. (1) 社会的秩序のカテゴリー」へのその改訂稿）で〈諒解〉の概念がすでに厳密に規定され、読者の念頭にあると前提して差し支えなければ、いちいち〈家-諒解ゲマインシャフト Haus-Einverständnisgemeinschaft〉〈近隣-諒解ゲマインシャフト Nachbarschafts-Einverständnisgemeinschaft〉などの長ったらしい語を繰り返さなくとも済むことであり、原著者自身もかえってそう前提していたからこそ、無用な反復は避けたのではあるまいか。その意味で〈諒解〉の概念は、いぜんとして維持されながら、語の用例はいわば発展的に解消されているといえよう。むしろカテゴリー論文と「家ゲマインシャフト」篇などが、これまで切り離され、別々に読まれてきた——ということは、後者などの「旧稿」が正確には読まれてこなかった——惰性から、後者に〈諒解〉とその複合語が出てこないという当然のことが、なにか意味ありげに不自然と感得され、シュルフター流の推論を触発するのではあるまいか。

　ところが、こうした〈家-、近隣-、氏族ゲマインシャフト〉に比して、〈階級〉〈身分〉〈党派〉ならびに大規模な〈支配形象〉のばあいには、当該ゲマインシャフト形象が上記〈ゲマインシャフト秩序の合理化〉尺度の上で、〈〔ゲ

マインシャフト行為以前の〕同種の大衆-、群集-、模倣行動〉から〈無秩序なゲマインシャフト行為〉をへて〈諒解行為〉にいたっているかどうか、さらには〈ゲゼルシャフト結成〉にまでおよび、そこから〈諒解ゲマインシャフト〉がどの程度派生しているか、といった諸階梯が、〈階級〉についてもっとも明白に看取されるとおり[5]、けっして自明ではなく、まさにそれ自体、そのつどこの概念尺度を用いて測定され、定位されるべき問題をなしている。〈政治ゲマインシャフト〉は、たとえば征服初期の、征服者と被征服者との関係が〈伝統〉形成にいたらず、もっぱら強権による特定〈領域 Gebiet〉在住者への制圧にとどまるばあい、〈諒解ゲマインシャフト〉をなさないか、その限界事例にとどまる。〈身分〉は通例、所属要件として社会的〈名誉〉感に抵触しないライフ・スタイルを〈慣習律〉として要求し合う〈諒解ゲマインシャフト〉をなしているが、〈階級〉そのものは、〈階級状況〉は共有していても、かならずしも〈ゲマインシャフト〉はなさない人間群である。それにたいして〈党派〉のゲマインシャフト行為は、つねにゲゼルシャフト結成を含むが、そこから「縁故関係」や「派閥」といった〈諒解ゲマインシャフト〉がどの程度派生するかは、まさに問題である。したがって、それらを主題とする諸篇では、〈政治団体形成〉（とくに〈合法性諒解〉をともなう〈国家アンシュタルト形成〉）〈階級形成〉〈身分形成〉〈党派形成〉を、明晰な概念によって動態的に捉えていくには、中間階梯にあたる〈諒解〉とその複合語を明示的に用いないわけにはいかないのである。

したがって、テキストに〈諒解〉とその複合語が出現するか否かは、シュルフターの推論とは異なり、執筆期による概念水準の差異を示す作品史的指標ではない。それは、当該の篇で主題とされる対象（社会形象）の性格いかんによって決まる、明示的適用の必須度のメルクマールである。〈諒解〉の概念そのものは、一貫して適用されている。

では、この観点から見て微妙な位置を占める〈種族〉と〈市場〉についてはどうか。なるほど、これらを主題化した二篇、すなわち「[14表]」の「種族的ゲマインシャフト関係 Ethnische Gemeinschaftsbeziehung」と「市場ゲマインシャフト形成 Marktvergemeinschaftung」に相当するテキストにも、〈諒解〉とそ

の複合語は出現しない。

　しかし、まず前者についていえば、ヴェーバーは、〈種族〉をただちに〈種族ゲマインシャフト〉と見るのではなく、①外面的容姿と②習俗のいずれか（あるいは両方）における類似、または③植民や移住の記憶にもとづいて、血統の共有を主観的に信じている人間群に注目し、（本質上現実にゲマインシャフトをなす氏族とは区別して）〈種族〉群 „ethnische" Gruppe と名付ける（WuG: 237＝中村訳: 71）。そして、この種族的共属性信仰という一契機が、さまざまな〈ゲマインシャフト〉、とくに〈政治ゲマインシャフト〉の形成を容易にし、他方翻って〈政治ゲマインシャフト〉のほうから人為的に喚起されるといった相互制約関係を問題とする。「14表」の項目見出しが、上記のとおり単純に「種族」ないし「種族ゲマインシャフト」ではなく「種族的ゲマインシャフト関係」と記されているのも、こうした概念構成に正確に見合っているわけである。

　そこでヴェーバーがいうには、「種族的共属性の信仰が……人為的に創り出されることは、合理的ゲゼルシャフト結成が人間どうしのゲマインシャフト関係 persönliche Gemeinschaftsbeziehungen に置き換えて解釈されるという、われわれがすでに知っている〔参照指示 Nr. 55〕図式に、完全に照応している。合理的に事象化されたゲゼルシャフト行為がまだ普及していない事情のもとでは、ほとんどすべてのゲゼルシャフト結成は、種族的共属性の信仰を基礎とする人間どうしの兄弟盟約という形式で〔ゲゼルシャフト結成の限定された目的の範囲を〕超え出る übergreifend ゲマインシャフト意識を招き寄せるのである。ギリシャのポリスは、しばしば人為的に創り出された祖先を祀る人的〔擬制血縁〕団体に編成された。イスラエルの12部族は、毎月輪番で特定の給付を引き受ける、政治ゲマインシャフトの支分単位であった」(ebd.)。ここで、ゲゼルシャフト結成に随伴し、その合理的目的の範囲を超え出るゲマインシャフトといわれているのは、明らかに〈無秩序なゲマインシャフト行為〉の関係ではなく、フラトリアに割り当てられた兵員の拠出-軍隊編成や王の食卓への輪番給付を、「兄弟の」義務として果たし合い、それ以外の期待も一定程度互いに〈妥当〉と認めて引き受け合う〈諒解ゲマインシャフト〉関係であろ

う。しかも、この図式は、前出参照指示 Nr. 55 により、上記「経済と社会一般」篇11段の叙述を介して、カテゴリー論文「第二部」29段に結び付けられ、ここで「一般的に確定」されていた。

そういうわけで、「種族的ゲマインシャフト関係」篇にも、〈諒解〉とその複合語こそ姿は現さないものの、カテゴリー論文「第二部」の（〈諒解行為〉を含む）形式的基礎カテゴリー群が、まず間違いなく適用され、貫徹されている。かりにカテゴリー論文が前置されず、その形式的基礎カテゴリー群の規定を念頭に置かずにこの篇を読むとしたら、上記の論点にかんするヴェーバーの精妙な概念構成を、はたして十全に理解できるであろうか。

つぎに「市場ゲマインシャフト形成」篇についてはどうか。

〈市場 Markt〉とは、社会学的に見ると、一過的な（当事者双方からの財の引渡と同時に消滅する）合理的ゲゼルシャフト結成の共存と継起からなる。交換が実現されたばあいには、当事者間に交換財の質と量にかんする協定が結ばれ、ひとつのゲゼルシャフト関係が形成されたことになる。しかし、そうした交換の実現にいたるまでの〈駆け引き Feilschen〉は、交換志望者の双方がそれぞれ、相手の可能な行為のみでなく、他の、不特定多数の、現実ないし想像上の交換利害関係者の可能な行為にも準拠しながら、手持ちの財をもっとも有利に引き渡そうとするから、そのかぎり〔制定秩序なしに〕他人の行為の予想に準拠したゲマインシャフト行為である。

さらに、貨幣を用いる交換となると、貨幣を用いること自体、貨幣が他人によって求められ、使用されつづけるであろうという、他人の行為への予想に準拠したゲマインシャフト行為である。ところで、「この貨幣使用によるゲマインシャフト形成は、合理的に協定もしくは欽定された秩序による、いかなるゲゼルシャフト結成にたいしても、特徴的な対極をなしている。貨幣は、現実の、または可能な市場利害関係者および支払利害関係者たちの現実の利害関係を梃子に、ゲマインシャフトを形成していく方向に作用し、十全に発展すれば、固有の性質をそなえたいわゆる貨幣経済を出現させるが、この結果は、<u>あたかもその招来を目指す秩序がつくりだされていたかのように</u>して生ずる。これはまさしく、市場ゲマインシャフトの内部では、交換行為

とくに貨幣を用いる交換行為が、もっぱら交換相手の行為にのみ準拠して孤立的になされるのではなく、可能な市場利害関係者すべての行為にも準拠してなされ、しかも交換行為が合理的に考量されればされるほど、それだけますますそうなることの帰結である。」(WuG : 382)

ここでも、制定秩序をそなえたゲゼルシャフト結成（たとえば、財とサーヴィスの給付－反対給付関係を宗教儀礼的に規制し、カースト間に固定化する「ジャジマーニー制」）とは対極をなす〈市場ゲマインシャフト〉が、じつはやはり諒解秩序はそなえた〈諒解ゲマインシャフト〉として捉えられている。この点は、カテゴリー論文「第二部」21、27段における〈諒解行為〉の規定と貨幣交換による例示を参照すればただちに理解されよう。

「ゲマインシャフト行為のある種の複合体は、目的合理的に協定された秩序を欠くにもかかわらず、①効果としては、そうした秩序が協定されているかのように経過し、また、②そうした特有の効果は、個々人の行為の意味のありかたによっても規定されている。たとえば、『貨幣』による目的合理的な交換はいずれも、交換相手とのゲゼルシャフト結成をなす個々の実行行為とならんで、ただ漠然と思い浮かべられている、あるいは思い浮かべることができる範囲の、現実ないし可能な貨幣所有者・貨幣希求者・あるいは貨幣交換志望者の将来の行為にたいする意味上の関係づけを含んでいる。というのも、そのばあい自分の行為が、他人もまた貨幣を『受け取る』であろうという、貨幣使用をそもそも可能とする予想に準拠してなされるからである。このばあい、意味上の準拠は、一般にはなるほど、自分ないし他人の財需要充足にたいして行為者がもつ利害関心に、あるいは間接的にはまた、他の個人がもつ利害関心と想定されたものに、準拠することである。しかしそれはけっして、そこで思い浮かべられた関与者たちの財需要充足のあり方にかんする、制定された秩序への準拠ではない。貨幣使用関与者の需要充足にかんするそうした（『共同経済的』）秩序が少なくとも相対的には欠如していることこそ、むしろ貨幣使用の前提である。それにもかかわらず、貨幣使用の帰結の総体は、通例多くの点で、全関与者の需要充足にかんする〔制定〕秩序に準拠して行為がなされ、まさにそうして達成された『かのような』かたちをと

る。しかもそれは、貨幣使用者の行為が意味の上で関係づけられていることの結果として生じた事態である。つまり平均的に見ると、貨幣使用者は、交換のさいの交換者はだれもがそうであるように、ある範囲内でつぎのような状況におかれている。すなわち、他人の利益が他人の行為について自分の側から抱きうる『予想』の通常の規定根拠であるからには、貨幣使用者は、自分の利益を考えようとすれば、通例他人の利益をもある程度は顧慮しないわけにはいかないのである。したがって、そうした行為の理念型的複合体としての『市場』は、上述の『かのような als ob』という表現をもって導入されたメルクマールに該当している。」(WL: 452-453＝〔海老原・中野訳: 77-79〕)

「純粋型において『妥当している』諒解は、もはや制定秩序の要素、とくに協定の要素をなんら含んでいない。諒解を介してゲマインシャフト関係にある人々は、事情次第では互いに個人的には知り合っていないこともあるが、それにもかかわらず、かれらの間の諒解は、経験的にはほとんど不可侵に妥当する『規範』をなすことさえある。外婚制をもつ氏族はしばしば、いくつかの政治ゲマインシャフトや、さらには言語を異にするさまざまなゲマインシャフトにまで広くまたがることさえあるが、そうした氏族の成員どうしが初めて出会ったときにとる性的行動〔性交回避〕がその好例である。貨幣使用のばあいも事情は同じで、このばあいの諒解は、当該交換行為のさいに当人が抱く意味において貨幣として取り扱われる財を、未知の多数の人々が、債務の支払いのための、すなわちある『義務づけられた』ものとして妥当しているゲマインシャフト行為の履行のための『有効な』手段として取り扱う〔客観的〕可能性として存立している。」(WL: 458＝海老原・中野訳: 89-90)

このように、カテゴリー論文第二部で規定された〈諒解〉の概念は、上記のとおり「旧稿」の「市場ゲマインシャフト形成」篇に正確に適用され、〈市場ゲマインシャフト〉が〈諒解ゲマインシャフト〉として捉えられている。ただ、「種族的ゲマインシャフト関係」のばあいと同様、術語そのものが反復されていないだけである。

最後に、「法」篇には、〈ゲゼルシャフト行為〉〈ゲゼルシャフト結成〉とならんで、〈諒解〉とその複合語が、比較的頻繁に出現する。しかしこれは、合

理的制定秩序の重要な一類型としての法秩序が、それ以前の諒解秩序から発展してくる経緯を主題とする「法社会学」篇として、そこで取り扱われる対象の性格からして当然のことであろう。シュルフターは、そこまで言い切ってはいないが、「経済と秩序」篇を、カテゴリー論文からも「経済と社会一般」篇からも切り離して「法」篇に前置する既成措置・第三分巻編纂を、「両篇ともに〈諒解〉とその複合語の使用頻度が高く、概念上同一水準にあるから」といって作品史的に正当化することはできない。管見によれば、「経済と秩序」篇は、「法」篇のみでなく、全篇への概念的導入部として「トルソの頭」の一角をなし、「経済と社会一般」篇にも前置されなければならない[6]。

こうして問題はいよいよ、シュルフター・リプライの最終章「Ⅳ. 単頭か双頭か——これこそがやはり問題である」へと移されることになる。

Ⅳ.『全集』版は「双頭の五肢体部分」への解体か？

【1】シュルフターはここで、筆者が（カテゴリー論文のあとに）「経済と秩序」と「経済と社会一般」を配列する根拠として提示した「体系的な議論」（本書統合論文Ⅳ）を「印象深い」とし、「14表」によってもある程度支持される、と評価している。しかし、結論としてシュルフターは、筆者の「三節単頭説」を否認（少なくとも相対化）するのであるから、ここで筆者の「体系的な議論」に、正面から否認ないし相対化の根拠を対置し、反論してほしかった。しかし、かれはそうせずに、「それ以外にもよく考えなければならない問題がある」と、別の議論に転じてしまう。

ちなみに、かれ自身は「双頭 Doppelkopf 説」を採るのか、そうとすればその「双頭」とはそれぞれなにを指すのか、いまひとつはっきりしない。「双頭」とはどうやら、「経済と秩序」篇をゲッファート編第三分巻「法」の、「経済と社会一般」篇をモムゼン編第一分巻「諸ゲマインシャフト」の、それぞれ劈頭に据える——つまり、「頭」を二分割して二分巻に振り分ける——『全集』版Ⅰ/22全体の奇怪な配置・編成をいうらしい。シュルフター自身は、

「頭」問題に明快な作品史的解答を与えることは難しいが、「読みやすさ Lesbarkeit」の点で、やはりカテゴリー論文を「旧稿」全体に前置すべきだという結論のようである。

さて、筆者としては、「体系的な議論」への内容的応答要請を引っ込めるつもりはないと断った上で、ここでは、シュルフターが新たに持ち出してきた「別の議論」に移ろう。

【2】かれは、本題に入るまえに、つぎのとおり筆者の「頭‐統合説」を論駁する。すなわち、「ヴェーバーが、いったん『ロゴス』誌に発表したカテゴリー論文を、その『第一部』を含め（改訂は施したかもしれないが、骨子は変えず）『綱要』寄稿に再録して、『旧稿』全体の『頭（内容的諸章への概念的導入部）』に据えるつもりでいた」という筆者の仮説は、ヴェーバーが『綱要』への 1914 年 6 月 2 日付け「序言」で「社会科学の体系的認識論 eine systematische Erkenntnistheorie der Sozialwissenschaften」は別巻として予約講読者に提供する旨明言している事実に照らして、カテゴリー論文「第一部」が「10 案」の（紙幅の制約から、比較的早期に断念され、『綱要』本巻からは外された）「問題設定の目的と論理的性質」の執筆意図は引き継ぐ「社会科学の体系的認識論」であるからには、棄却されざるをえない、すなわち、かれがそうしたものを、別巻ではなく、かれ自身の寄稿本巻の一篇に再録するはずがない、というのである。

しかし、筆者の側から反論すれば、カテゴリー論文「第一部」（Ⅰ〜Ⅲ）は、理解社会学の方法的基礎づけではあっても、はたして「社会科学の体系的認識論」といえるであろうか。それは少なくとも、こうした表題のもとに一般に考えられる叙述とは異なり、ヴェーバー固有の方法論の展開ではあっても、「社会諸科学の一体系的認識論」の体をなしてはいない。「第一部」は、1913 年の『ロゴス』誌への発表の直前、「かなりまえにすでに書かれていた論稿の断片」すなわち「第二部」（Ⅳ〜Ⅶ）への序論として、後から急遽書き下ろされたという。それは、理解社会学を、論理学的な叙述は極力切り詰め、一方では（精神物理学的）心理学と対比し、他方では法学との区別において（つまり科学の平面で）基礎づけている。

したがってそれは、少なくとも内容上、科学としての社会経済学の、「教科

書」的叢書のうち、本巻の一篇の出だしに位置を占めることができる。それを、「科学にかんする科学」としての「社会科学の体系的認識論」を扱う別巻に繰り入れなければならない理由はない。

　統合論文Ⅴでも述べたとおり、カテゴリー論文「第一部」は、「第二部」と「旧稿」の内容的諸章とを繋ぐ結節環をなすと同時に、「経済と秩序」篇をへて「経済と社会一般」篇に、論理上‐体系上緊密に連なっていく。すなわち「第一部」で定礎されるのは、法規範学や日常的思考では「実体化」されがちな社会諸形象を、いったん個々人の行為に還元し、その上で〈秩序づけられた協働行為〉として動態的に捉え返す理解社会学の方法である。「第二部」では、そうした方法に欠かせない、〈秩序〉にかかわる形式的基礎カテゴリー群が設定される。「旧稿」の内容的諸章全篇は、その方法を、家‐、近隣‐、氏族ゲマインシャフトから、経営とオイコスへの分岐を見定め、種族、市場‐、政治ゲマインシャフト、階級、身分、党派をへて、聖俗の正当的ないし非正当的支配形象に適用し、「第二部」の形式的基礎カテゴリー群を用いて動態的に捉え返していく具体的展開部をなしている。「経済と秩序」篇はといえば、「第一部」で定礎された理解社会学的考察方法が、法規範学的考察方法と対比して導入され、法秩序に適用され、〈客観的法〉と〈主観的権利〉の社会学的概念が獲得されると同時に、広く社会的秩序と社会的勢力への視座が開かれる。「経済と社会一般」篇では、そうして確保された経験科学的行為論の平面で、〈経済〉と〈ゲマインシャフト〉との原理的関係が問われ、唯物論的ないしは機能主義的決定論がともに斥けられ、相対的〈固有法則性〉をそなえた領域どうしの相互制約的〈適合〉関係として定式化される。ここでは、〈ゲマインシャフト〉の〈経済的被制約性 ökonomische Bedingtheit〉と〈経済制約性 ökonomische Relevanz〉という一般的・原理的視点が獲得されればよく、それ自体としては興味深い具体的例示も、その目的に仕える認識手段にすぎず、簡潔であればあるほどよい。後に具体的展開部をひかえているのに、ここで厖大な決疑論編成にのめり込んで「頭」を肥大させるとすれば、「教科書」としての目的も整合性も忘れた本末転倒であろう。

　そういうわけで、カテゴリー論文の「第一部」も、「第二部」とともに「経

済と秩序」「経済と社会一般」のまえに再録され、内容的諸章への概念的導入部の冒頭に置かれなければならない。

それにひきかえ、別巻「社会科学の体系的認識論」は、なるほど1914年6月2日付けの「序言」で予告されているとはいえ、けっきょくは実現されなかった正体不明のプランにすぎない。ヴェーバーが、現にテキストそのものに与えている論脈を分断してまで、カテゴリー論文「第一部」を、別巻「社会科学の体系的認識論」のほうに編入し、本巻の最適位置から外そうとした、とどうして断定できようか。

【3】シュルフターはつぎに、筆者の「三節単頭説」への反証として、ヴェーバーが1914年4月2日付けジーベック宛書簡で「自分の仕事」の「三度目の改作」に言及している事実を挙げる。ここでシュルフターが典拠としているヴィンケルマンの作品史的遺作によれば、ヴェーバーは、「14表」の1篇「経済の基礎」A.「経済と経済学」Ⅲ.「社会経済学の理論」項目へのヴィーザーの寄稿が「特定の『社会学的諸問題』を取り扱っていないことに不満であった。ヴィーザーの以前の研究から、かれは、ヴィーザーならそうした諸問題を取り扱ってくれるだろうと期待していたからである。そこでかれは、自分自身の寄稿をあらためて改訂しようと決意した。かれは、(ジーベック宛書簡で)『帰宅したらすぐに、自分の仕事 meine Sache の三回目の改作 Umgestalten をおこない……、浩瀚な章 Abschnitt をひとつ付け加えなければなりません』と書き送っている。」(Winckelmann : 38)

シュルフターは、後段【4】で、この「浩瀚な章」こそ、後に改訂稿「1部2章・経済行為の社会学的基礎カテゴリー」に膨れ上がった、ヴェーバーの経済社会学であろうと推論する。そしてさらに、そうであれば、その「三回目の改作」に着手したかれが、「経済と社会一般」の簡潔な叙述で満足するわけはなく、新しい「頭」を構想し始めたにちがいなく、したがって、その素描が「14表」内に収まるか否かはともかく、「頭」は最終的には形成されていなかった、と推論に推論を重ねるのである。

しかし、管見によれば、この推論はつぎの二点で疑わしい。まず、この書簡どおり、かれが帰宅直後、すなわち1914年4月上旬に「浩瀚な章」の執筆

に着手し、新しい「頭」とするつもりであったとすれば、そのあとで出版社から送られてきた「全巻の構成」印刷稿に手を入れて返送するさい、「¹⁴表」に「経済行為のカテゴリー」という項目を付け加えることができたし、そうしなければならなかったはずである。ところが、かれはそうしなかった。6月2日付け「序言」のあとに収録された「¹⁴表」の第一項目には、「(1) 社会的秩序のカテゴリー Kategorien der gesellschaftlichen Ordnungen、(2) 経済と法の原理的関係、(3) 団体の経済的関係一般」とある。

つぎに、ヴィンケルマンが4月2日付け書簡を引用した直後に述べているとおり、「全巻の構成」中、ヴェーバーの寄稿分は「経済と社会的秩序ならびに(社会的)勢力」にかぎられてはいない。それ以外に、「近代的交通条件の一般的意義」、「農業における資本主義の限界」、「農業資本主義と人口構成」、「資本主義の内部的再編傾向」(アルフレート・ヴェーバーと共著)といった項目がかれ自身に留保されている。とすると、ヴィンケルマンが、ヴィーザー稿には「特定の『社会学的諸問題』の取扱 Behandlung bestimmter „soziologischer Probleme" がないことに不満」と記している事実からも推察されるとおり、ヴェーバーの不満の種は、後に「経済行為の社会学的基礎カテゴリー」として実現するような「経済行為や経済秩序の社会学的な取扱 soziologische Behandlung」の欠如にではなく、上記のような社会学的諸問題そのものを内容として含んでいないことにあったのではあるまいか。そして、帰宅後「自分の仕事」の改作に取りかかると書簡に記しているからといって、この「仕事」をただちに「経済と社会的秩序ならびに(社会的)勢力」と決めてかかることはできまい。むしろ、上記の諸項目をみずから担当して――自分の『綱要』寄稿全体については「三回目の改作」を施して――補完しようとしたととれないこともない。このあたりの事情は、1914年4月2日付けジーベック宛書簡全文を含む『1913/14年書簡集』が公刊されなければ(あるいは閲覧が許されなければ)、正確には検証のしようがない。

いずれにせよ、4月2日付け書簡からの孫引きは、その後の「¹⁴表」さえ差し置き、代替的選択肢の可能性も無視して、たくましい推論ないしは(改訂後に実現された「経済行為の社会学的基礎カテゴリー」からの)逆推論を展

開する根拠にしては薄弱にすぎよう。

【4】ひきつづきシュルフターは、この「三回目」にたいして「一回目」と「二回目」はい
　つで、それぞれの所産はなにかと問い、前者は「支配の社会学」、後者は、ビュッヒャー
　寄稿の不出来にたいする反応、とりわけ「宗教ゲマインシャフト」章であったろうと推
　測する。ビュッヒャーは1913年に草稿を引き渡したが、『全集』II/22-2 の編纂者キッ
　ペンベルクの「編纂報告」によれば、「宗教ゲマインシャフト」章のテキストには、「1913
　年以降に公表された表題がひとつも現れない」という。

　問題の「三回目」については、前項に繰り上げて反論した。「一回目」がだ
れの不出来にたいする反応で、それがどうして「支配の社会学」として結実
したのか、その経緯と根拠をシュルフターは示していない。筆者はむしろ、
ビュッヒャーの不出来にたいする反応が「支配の社会学」で、「宗教社会学」
篇は、1912年に初版の出たトレルチの大作『キリスト教教会と集会の社会教
説』にたいする反応と見る。その根拠は、ヴェーバーが1913年12月30日書
簡の構成プラン中、「宗教」という一項目にのみ、「これは、全世界のすべて
の大宗教を包摂する救済教説および宗教倫理の社会学で、トレルチの仕事が
いまやいっそう簡潔にではあれ、すべての大宗教に拡張されます」と特筆し
ている事実にある。
　ここでシュルフターは、キッペンベルクの「編纂報告」に論及しているが、
「1913年以降に公表された表題」とはなにか、それが「宗教ゲマインシャフ
ト」篇に「ひとつも現れない」ことがなにを意味するのか、筆者には分かり
かねる。前出ゲッファート編第三分巻の引照と同じく、編纂者どうしの内輪
の議論ならともかく、『ケルン社会学・社会心理学雑誌』の読者の目には触れ
ず、検証のしようもない未公表の記事を引き合いに出して自説を補強された
のでは、当惑するほかはない。いずれにせよ、「一回目」と「二回目」にかん
する論証がこのとおり不確かであるとすれば、「三回目」にかんする思弁はい
よいよもって「然り」といえよう。

【5】さて、以上の議論の末、シュルフターは、第一次世界大戦の勃発により執筆が中断された時点で、新しい「頭」はまだ最終的には形成されず、「浩瀚な旧稿」は最終的には「ひとつに統合された全体」をなしていなかったと結論する。したがって、第一次編纂者が「経済と社会一般」、第二次編纂者が「経済と秩序」を、それぞれ「2部」の冒頭に据えたことも正当であった（「双頭」論！）し、（「1部1章・社会学の基礎概念」と取り違えるという）誤った理由からではあれ、カテゴリー論文を前置しなかったことも原著者の決定をともかくも尊重したことになる。『全集』版も、「歴史的・批判的版本」としてこれにしたがわざるをえない。「読みやすさ」の観点から、少なくとも学生版にはカテゴリー論文が前置されてよいが、「頭」、「胴体」および「範囲」、いずれの問題にもすっきりした解決はない。

こうしてシュルフターは、上記 I. の振り出しに戻った。しかもこんどは、たくましい思弁とのコントラスト効果により、最終稿の欠如という自明の前提を浮き彫りにし、筆者が危惧したとおり、相対化により、マリアンネ・ヴェーバー編、ヨハンネス・ヴィンケルマン編、『全集』版編をそれぞれ正当化している。筆者の「トルソの頭」論も、「学生版の『読みやすさ』のためには」とそれなりに正当化されているといえなくもない。

しかし、ヴェーバーが、「14表」印刷稿に加筆の上返送した1914年4月から同年6月の発表をへて8月の第一次世界大戦勃発にいたる四カ月間、あるいは発表後の二カ月間に、いかなる改訂を企て、どんな最終稿に到達したのか、確定するすべはない。そうである以上、「14表」が、最後のもっとも妥当な準拠標として尊重されなければなるまい。その第一項目には、「(1) 社会的秩序のカテゴリー、(2) 経済と法の原理的関係、(3) 団体の経済的関係一般」とある。このうち (2) が「経済と秩序」篇、(3) が「経済と社会一般」篇に、それぞれ正確に対応する。とすれば、(1) の欠落は、統合論文Ⅳで論証したとおり、(2) に残されている複数の明示的-黙示的前出参照指示との整合関係から、カテゴリー論文第二部をもって埋めるよりほかはない。

ことによるとヴェーバーは、〈ゲマインシャフト行為以前の同種の大衆-、群集-、模倣行動〉から〈無秩序なゲマインシャフト行為〉をへて、〈諒解行為〉の準拠する〈諒解秩序〉と〈ゲゼルシャフト行為〉の準拠する〈制定秩序〉とを、こうした〈ゲマインシャフト秩序の合理化〉尺度に並べ替えて整

理し、内容上「第一部」に相当する緒論を付した改訂稿を用意し、「¹⁴表」の「1. (1) 社会的秩序のカテゴリー」として再録したかもしれない。これは推論ではあるが、けっして恣意的な臆測ではなく、かりにヴェーバー自身が遺されたテキストを「¹⁴表」に準拠して再構成したとしたら、かれ固有の論理性からしてこうした改訂にいたる蓋然性が高かったろうと思われる。厖大な「旧稿」テキストに〈ゲマインシャフト秩序の合理化〉尺度という一本の赤い糸が通されて始めて、そこで扱われているゲマインシャフト形象とその発展形態それぞれの位置価が定まり、「1910‐14年戦前草稿」が「ひとつに統合された全体」として姿を現す。そうであればこそ、シュルフターも「読みやすさ」を認めるのではあるまいか。しかし、そうした全体像を彫琢するには、すでに「見切り発車」された「双頭の五肢体部分」という怪物をふたたび解体し、826個の破片をひとつひとつ吟味しながら再構成していく以外にはなさそうである。(2000年5月26日脱稿)

注

1) 遅々として進まないが、いちおう下記の試論は発表している。

1997a:「原生的血縁・地縁（家・近隣・氏族）ゲマインシャフトとその発展傾向にかんする理解社会学的概念構成——ヴェーバー『経済と社会』の全体像構築に向けて (1)」、『名古屋大学文学部研究論集』哲学 43：77-93.

1997b:「人種・種族・部族・民族・国民にかんする理解社会学的概念構成——ヴェーバー『経済と社会』の全体像構築に向けて (2)」、『名古屋大学社会学論集』18：87-114.

1998a:「宗教的行為と宗教的ゲマインシャフト形成にかんする理解社会学的概念構成 (1) ——ヴェーバー『経済と社会』の全体像構築に向けて (3)」、『名古屋大学文学部研究論集』哲学 44：41-59.

1998b:「宗教的行為と宗教的ゲマインシャフト形成にかんする理解社会学的概念構成 (2) ——ヴェーバー『経済と社会』の全体像構築に向けて (4)」、『名古屋大学社会学論集』19：17-37.

1999a:「宗教的行為と宗教的ゲマインシャフト形成にかんする理解社会学的概念構成 (3) ——ヴェーバー『経済と社会』の全体像構築に向けて (5)」、『名古屋大学文学部研究論集』哲学 45：121-37.

2000a:「宗教的行為と宗教的ゲマインシャフト形成にかんする理解社会学的概念構成

    (4)——ヴェーバー『経済と社会』の全体像構築に向けて（6）」、『椙山女学園大学研究論集』31、社会科学篇：1-11.
  2000b：「宗教的行為と宗教的ゲマインシャフト形成にかんする理解社会学的概念構成（5）——ヴェーバー『経済と社会』の全体像構築に向けて（7）」、『名古屋大学社会学論集』21、所収。
  2001a：「宗教的行為と宗教的ゲマインシャフト形成にかんする理解社会学的概念構成（6）——ヴェーバー『経済と社会』の全体像構築に向けて（8）」、『椙山女学園大学研究論集』32、社会科学篇、所収予定。
2) Schluchter 1991：560-561＝佐野誠訳「宗教社会学——作品史の再構成」、河上編『ヴェーバーの再検討』：119.
3) この点については、本書「はじめに」、注2の付記、参照。
4) Marx, Karl H., [1867] 1972：*Das Kapital*, Bd. 1, Marx/Engels Werke, Bd. 23, Berlin：Dietz：379＝長谷部文雄訳, 1952：『資本論』③、青木書店：594.
5) 折原 1996：『ヴェーバー「経済と社会」の再構成——トルソの頭』、東京大学出版会：229-231、参照。
6) 折原 1996, 2部・トルソの頭：207；3部・欠けていた頭——〈範疇〉：208-249、参照。

あ と が き

　デュルケームは、ある科学の進歩はなにによって測られるかと問い、研究対象とされる現象についてなんらかの法則が発見され確証されたときと、そこまではいかなくとも問題の立て方を根本的に変えるような事実が発見されたとき、と答えている (Durkheim 1897: v＝宮島喬訳 1985: 9)。これに準拠すれば、永らく「二部構成の主著」と信じられてきたヴェーバーの『経済と社会』につき、原著者の根本的改訂（したがって「二部構成」編纂の誤り）という事実を突き止め、テキストそのものの再構成と新たな位置づけに道を開いたテンブルックの論文「『経済と社会』との訣別」は、この第二の意味で、マックス・ヴェーバー研究にひとつの進歩を画する功績であったといえよう。

　ところで、そのテンブルックは、「訣別」論文の二年前、有名な「マックス・ヴェーバーの業績」(Tenbruck 1975a) とともに「われわれはどれほどマックス・ヴェーバーを知っているか Wie gut kennen wir Max Weber?」(Tenbruck 1975b) という（これまた挑発的な表題を掲げた）論文を発表していた。そこでかれは、ヨハンネス・ヴィンケルマンとエドゥアルト・バウムガルテンを引き合いに出し、テキスト編纂の恣意性を手厳しく批判したあと、そうした批判の根本動機をつぎのように表白している。

　「ことは、ただたんに文献学者や編纂者にかかわる職人技の問題ではない。むしろこの問題には、われわれの近代文化の特質、原因および運命につき、あらんかぎりの情熱を傾けて問うたひとりの人物を、われわれが的確に理解できるかどうか、がかかっているのである。ところが、そうした理解のためには、別の新しい版本が必要とされる。

いたるところで、数多の人物が、とはいっても根本的にはわれわれのすべてが、こうした〔恣意的編纂の罷り通る〕事態に一役を買っている。かりにそうでなければ、こうした批判はほとんど必要なかったろう。いまここで、この事態を覆い隠〔し、ヴィンケルマンとバウムガルテンのみに責任を負わ〕すとすれば、それはまったく不当なことで、実情を疎んじ、道義的にも偏狭な仕儀となろう。というのは、ヴィンケルマンも、バウムガルテンも、学問上〔広くは精神文化上〕のゲマインシャフト〔公共圏〕に、われわれ〔同業者の〕すべてがきまってするのと同じように、かれらの業績を提供してきたからである。こうしたツンフト〔同業者仲間〕が、もっと早く〔編纂上の〕欠陥に気付き、名指しで率直に指摘していれば、これほどまでに欠陥がはびこり、軽率、投げやり、恣意専断が幅を利かすことにはならなかったろう。しかし、わたしの知る書評の類は、ひたすら賛辞を呈するばかりで、ここに挙げた欠陥のひとつとして、突き止め、論じ立ててはいない。編纂上の義務の侵害や、道徳‐精神文化上の原則の無視について語ろうとすれば、われわれはどうしても、いたるところでわれわれすべてが巻き込まれている、あの厄介な事態に言及せずには済まされない。ここで、版本、編纂者、遺産所有者の問題は、ヴェーバー解釈、専門学科、公共の精神文化およびこれにかかわる制度の問題となる。ここでは、<u>原則的にことを構えなければならない</u>。というのももっぱら、将来のヴェーバー著作集の質が、たんに編纂者のみでなく、ひとえにあのツンフトの水準と、精神文化上の公共圏の利害関心とに、かかわってくるだろうからである。」(Tenbruck 1975b: 738-739)

やや歯切れはわるいが、いわんとすることはよく分かる。いま読み返すと、今日の事態を的確に言い当てていたようにも思える。ドイツの学界‐ジャーナリズム複合体あるいは精神文化上の公共圏にも、日本と似たり寄ったりの事大主義‐宥和主義がはびこっていたのであろう。しかし、そうしたなかにあっても、「臭いものに蓋」をせず、「必要とあれば嫌がられることをいう」批判的学問の精神は、連綿と引き継がれ、息づいていた。

いま、筆者が、編纂者でも編纂協力者でもないのに、あえてドイツにおけ

る『全集』版の編纂を、「横槍」との非難を覚悟の上で批判する動機も、四半世紀前のテンブルックとまったく同一である。上記の引用文には、「われわれ日本の研究者と読者もまた『精神文化上の公共圏』に属している」という以外、なにも付け加える必要を感じない。

*

　ただ、テンブルックは、同じ 1975 年に「マックス・ヴェーバーの業績」も発表し、(いまから見れば多々問題を含むにせよ) かれ独自のヴェーバー改釈と、既存のテキスト編纂にたいする否定的批判とを同時に並行して進めることができた。それにたいして、筆者は、「旧稿」再構成とともに明らかにされるであろう筆者自身のヴェーバー改釈を、なおそれ自体として積極的に提示しえてはいない。それゆえ、今回の拙論が、テンブルックのいう「職人技」への後退として批判されようとも、いまのところいたしかたない。ただ、筆者は、「化石燃料の最後の一滴が燃え尽きる」(Weber 1947: 203＝梶山訳・安藤編 1994: 356) まえに、西洋近代が解き放った未曾有の生産諸力を、地球環境の生態学的許容限界内に制御して人類が生き延びるには、当の近代を逆手にとる以外にはなく、それには、当の近代をトータルに問題としえたヴェーバーの学問的労作を、神話化することも一面化することもなしに、内在的に引き継ぎ、乗り越えていくことも一助になろう、と確信している。そして、正真正銘のヴェーバーの巨大さと——これを忘れてはならないが——繊細さを思うと、そうした乗り越えは、矮小な筆者の残り少ない人生には重すぎる課題として映る。とすると、矮小な自己に合わせて課題そのものを矮小化する誘惑は斥け、そのつどの到達点を示し、後続世代の乗り越えに期待して多少とも確実な基礎を用意していったほうが、まだしも課題に応えることになろう。

*

　現在筆者が在職している椙山女学園大学人間関係学部の雀部幸隆教授には、モムゼンやシュルフターとのやりとりから双頭論批判の草稿にいたるまで、好意ある関心を寄せて筆者を励ましてくださったばかりか、そのつど細部に

わたるご教示・ご助言をたまわった。記して厚く謝意を表する。

2000年6月15日

折原 浩

文献

Durkheim, Émile, 1897: *Le suicide——étude de sociologie*, Paris : Presse universitaire de France＝宮島喬訳 1985『自殺論——社会学研究』、東京：中央公論社。

Tenbruck, Friedrich H., 1975a : Das Werk Max Webers, in KZfSS 27 : 663-702〔邦訳あり。「はじめに」文献表、住谷他訳 1997：11-94 参照。〕

Tenbruck, Friedrich H., 1975b : Wie gut kennen wir Max Weber?, in : *Zeitschrift für die gesamte Staatswissenschaft* 131 : 719-742.

Weber, Max, [1905, 1920] 1947, Die protestantische Ethik und der »Geist« des Kapitalismus, in : *Gesammelte Aufsätze zur Religionssoziologie*, Bd. 1, Tübingen : J. C. B. Mohr, 17-206＝梶山力訳、安藤英治編 1994『プロテスタンティズムの倫理と資本主義の《精神》』、東京：未來社。

追記

その後、第五論文「双頭論批判」を縮約して、Zur Rekonstruktion der alten Vorkriegsfassung von Max Webers Beitrag zum „*Grundriss der Sozialökonomik*" —Eine Erwiderung auf Schluchters Replik（マックス・ヴェーバー『社会経済学綱要』寄稿・戦前旧稿の再構成に寄せて——シュルフター・リプライへの応答）と題する A4 判 17 ページの独文原稿に仕上げ、9月 29 日付けで『ケルン社会学・社会心理学雑誌』の編集主幹ハイネ・フォン・アーレマンとエアフルトのシュルフター宛、郵送した。前者からは、原稿の受け取りを確認する 10 月 4 日付け返信が届き、次回 12 月の編集会議にかけて掲載可否を決定する旨、伝えてきた。

シュルフターからは、10 月 20 日ハイデルベルク発の Fax が届いた。それによれば、編集者間に、「(編集者自身がかかわる) 批判－リプライ－再批判－……を延々とつづけて誌面をふさぐことは原則として避ける」との諒解があるため、『ケルン社会学・社会心理学雑誌』誌上で第二ラウンドを繰り広

げる見通しは暗いが、ともかく提案してみたい、とのことである。また、内容上は、「最大限に適合した頭をつけ、できるかぎり統合された全体 ein möglichst integriertes Ganzes mit dem passendsten Kopf」という定式化であれば、再構成の規範としても、編纂作業の格率としても合意できる、ただその目標に達する諸手段の相互評価などにかけては、やはり見解の相違が残っている、が、いずれにせよ「実りある議論」をよろこぶ、との趣旨を伝えてきている。

2000年10月28日

折原　浩

追々記

「はじめに」(12ページ)で言及したシュルフターの論文集『個人主義・責任倫理および多様性 Individualismus, Verantwortungsethik und Vielfalt』が、編纂論文—統合論文—リプライを収録して、Göttingen の Verbrück Wissenschaft 社から刊行された。

2000年11月20日

折原　浩

著訳者紹介

ヴォルフガング・シュルフター Wolfgang Schluchter
  1938 年生。現在、エアフルト大学・ハイデルベルク大学教授。
  主著　『近代合理主義の成立』（嘉目克彦訳、1979、未來社）
      『現世支配の合理主義』（米沢和彦・嘉目克彦訳、1980、未來社）
      『ヴェーバーの再検討』（河上倫逸編、1990、風行社）
      『信念倫理と責任倫理』（嘉目克彦訳、1996、風行社）

折原　浩
  1935 年生。現在、椙山女学園大学教授。
  主著　『危機における人間と学問』（1969、未來社）
      『デュルケームとウェーバー──社会科学の方法』（1981、三一書房）
      『マックス・ウェーバー基礎研究序説』（1988、未來社）
      『ヴェーバー「経済と社会」の再構成──トルソの頭』（1996、東京大学出版会）

鈴木宗徳
  1968 年生。現在、南山大学専任講師。
  主論文「ウェーバー社会学における物象化論の位置」（1992、全国若手哲学研究者ゼミナール『哲学の探求』20）
      「バーガーにおける『知識』と『リアリティ』」（1995、『現代社会理論研究』5）
      「目的合理性の時代・価値相克の時代──ウェーバー行為論の再検討へ向けて」（1996、『社会学史研究』18）
      「新保守主義、市民的不服従、ドイツ統一──80 年代以降のハーバーマスの政治理論」（1998、『現代社会理論研究』8）

山口　宏
  1970 年生。現在、名古屋大学大学院文学研究科博士課程後期在学。
  主論文「ジンメルの形式社会学における他者性と距離」（1998、『名古屋大学社会学論集』19）
      「ジンメル宗教論と現代自己意識」（1999、『名古屋大学社会学論集』20）
      「新カント派宗教哲学と社会」（2000、『名古屋大学社会学論集』21）
      「妥協と決断の責任倫理」（2000、『現代社会理論研究』10）

『経済と社会』再構成論の新展開
――ヴェーバー研究の非神話化と『全集』版のゆくえ

2000年11月30日　初版　第1刷発行

定価（本体 2800 円＋税）

著者Ⓒ　ヴォルフガング・シュルフター
　　　　折原　浩

訳者　鈴木宗徳
　　　山口　宏

発行者　西谷能英

発行所　株式会社　未來社
〒112-0002　東京都文京区小石川 3-7-2
電話 03-3814-5521㈹　振替 00170-3-87385
http://www.miraisha.co.jp/
E-mail:info@miraisha.co.jp

印刷＝精興社／製本＝黒田製本
ISBN 4-624-40051-8 C0036

シュルフター著/住谷・樋口訳 **価値自由と責任倫理** 四六判・164頁・1800円	『経済と社会』がヴェーバーの主著だとする通説を根底的に批判し、西洋的合理化過程の特性把握を叙述した「世界宗教の経済倫理」の諸論考こそそのライフワークだとする研究。
シュルフター著/嘉目克彦訳 **近代合理主義の成立** A5判・382頁・5800円	〔マックス・ヴェーバーの西洋発展史の分析〕ヨーロッパにおけるヴェーバー研究の新動向に先鞭をつけた著者のヴェーバーの内在的研究。体系成立とヴェーバーの意図を再構成す。
折原 浩著 **マックス・ヴェーバー基礎研究序説** A5判・340頁・4500円	ウェーバーの学問体系の要をなす巨視的比較宗教社会学の全体像構築を目ざす著者は、マリアンネ・ウェーバーとヴィンケルマンの遺稿編集がもつ重大問題を指摘、体系成立を修正。
折原 浩著 **危機における人間と学問** 四六判・452頁・2800円	〔マージナル・マンの理論とウェーバー像の変貌〕著者によって拡大深化された傍題の理論にもとづき、変革期知識人の役割を追求するマンハイム、ウェーバー論の全論文を収録。
テンブルック著/住谷・山田訳 **マックス・ヴェーバー方法論の生成** 四六判・162頁・1800円	従来のヴェーバー方法論研究の基礎前提をなした『科学論文集』の体系に疑問をなげ、この通説を批判することを意図した本書は、初期ヴェーバーの評価を含め研究の再構成を迫る。
テンブルック著/住谷・小林・山田訳 **マックス・ヴェーバーの業績** 四六判・246頁・2500円	『経済と社会』がヴェーバーの主著だとする通説を根底的に批判し、西洋的合理化過程の特性把握を叙述した「世界宗教の経済倫理」の諸論考こそそのライフワークだとする研究。
モムゼン著/安・五十嵐他訳 **マックス・ヴェーバーとドイツ政治1890-1920(I・II)** A5判・I=402頁 II=512頁・I=5800円 II=6800円	豊富な資料を駆使して叙述したヴェーバーの政治思想研究の基礎文献。その政治思想におけるニーチェからの影響、権力政治的要素の指摘などにより物議をかもした問題の書の翻訳。
ウェーバー著/梶山力訳、安藤英治編 **プロテスタンティズムの倫理と資本主義の《精神》** A5判・408頁・4800円	忘却の淵に沈まんとしている先達の名訳を復活・復権。本復活版では、大改訂がなされた『倫理』論文の改訂内容が立体的に把握でき、「アメリカにおける教会とゼクテ」も収録。
ウェーバー著/海老原・中野訳 **理解社会学のカテゴリー** 四六判・210頁・2200円	ウェーバーの古典の一つである本書は、ウェーバー自身の広大な学問体系のまさに核心に触れるものであり、近年ドイツで進展したウェーバー研究の最新成果を踏えた新訳である。
ウェーバー著/田中真晴訳 **国民国家と経済政策** 四六判・121頁・1500円	若きウェーバーのフライブルグ大学教授就任講演として知られる本書は、東エルベ農業問題を踏まえ、ドイツの国民国家的課題と経済学者の在り方に鋭い問題提起を行った論考。

(価格は税別)